www.ingramcontent.com/pod-product-compliance
Lightning Source LLC
LaVergne TN
LVHW010215070526
838199LV00062B/4603
9789358728194

قرآن کا قانون:
عروج و زوال

مولانا ابو الکلام آزاد

© Taemeer Publications LLC

Quran ka Qanoon : Urooj o Zawaal
by: Maulana Abul Kalam Azad
Edition: July '2024
Publisher :
Taemeer Publications LLC (Michigan, USA / Hyderabad, India)

ISBN 978-93-5872-819-4
9 789358 728194

مصنف یا ناشر کی پیشگی اجازت کے بغیر اس کتاب کا کوئی بھی حصہ کسی بھی شکل میں بشمول ویب سائٹ پر اَپ لوڈنگ کے لیے استعمال نہ کیا جائے۔ نیز اس کتاب پر کسی بھی قسم کے تنازع کو نمٹانے کا اختیار صرف حیدرآباد (تلنگانہ) کی عدلیہ کو ہو گا۔

© تعمیر پبلی کیشنز

کتاب	:	**قرآن کا قانون : عروج و زوال**
مصنف	:	**مولانا ابوالکلام آزاد**
ٹائپنگ	:	جاوید اقبال
جمع و ترتیب / تدوین	:	اعجاز عبید
صنف	:	غیر افسانوی نثر
ناشر	:	تعمیر پبلی کیشنز (حیدرآباد، انڈیا)
سالِ اشاعت	:	۲۰۲۴ء
صفحات	:	۱۶۸
سرورق ڈیزائن	:	تعمیر ویب ڈیزائن

فہرست

(۱)	پیش لفظ	6
(۲)	امت مسلمہ	9
(۳)	حقیقت اسلام	27
(۴)	وحدت اجتماعیہ	49
(۵)	مرکزیت قومیہ	65
(۶)	جغرافیائی مرکزیت	79
(۷)	فکری وحدت اور فکری مرکزیت	94
(۸)	عروج و زوال کے فطری اصول	113
(۹)	عزم و استقامت	124
(۱۰)	تجدید و تاسیس	145
(۱۱)	کامیابی کی چار منزلیں	162

پیش لفظ

مولانا ابوالکلام آزاد بلاشبہ ایک طاقت ور تجدیدی کردار رکھتے تھے مگر بعض رکاوٹوں کی وجہ سے پوری طرح بروئے کار نہ آ سکا۔ بعض سیاسی تعصبات نے، جو ممکن ہے کہ کوئی جواز بھی رکھتے ہوں، ہمیں ان سے مستفید ہونے سے روک رکھا ہے۔۔اس رویے نے ہماری قومی زندگی کو اتنا اتھلا اور تنگ بنا دیا ہے کہ وہ گہرائی اور پھیلاؤ مفقود ہو کر رہ گیا ہے جس کے بغیر کوئی قوم وہ اجتماعی ذہن اور ارادہ نہیں پیدا کر سکتی جو اس کی آزادی اور بقا کے لیے لازماً درکار ہے۔ اگر ہم اس روایت سے انحراف نہیں کرنا چاہتے جس میں حقیقت دین اور اس کے مظاہر کو عمل میں ڈھال کر اس کے تاریخی بقا کا واحد اصول اخذ کیا جاتا ہے، تو ہم بڑے سے بڑے اختلاف کے باوجود ابوالکلام سے بے نیازی کے متحمل نہیں ہو سکتے۔ وہ اس روایت کے آخری بڑے نمائندے تھے۔ ان کے تصور دین میں عمل اور تاریخ کی بڑی اہمیت ہے جن کے ذریعے سے اسلام اپنا روحانی اور آفاقی کمال ظاہر کرتا ہے۔ مولانا کا ایک امتیاز یہ بھی ہے کہ ان کا فہم دین قرآنی اور تصور تاریخ انسانی ہے۔۔۔یعنی ان کی فکر مابعد الطبعی اسلوب اور عقلی مطلقیت کو قبول نہیں کرتی بلکہ محکمات، خواہ دینی ہوں یا فطری، کے درمیان وہ نسبتیں دریافت کرتی ہے جو عمل کا موضوع اور محرک بن سکیں۔ یہی وجہ ہے کہ ان کا بڑا کام اس مسئلے سے متعلق ہے کہ قرآنی احکام اور تاریخی واقعیت میں وہ ہم آہنگی کس طرح بروئے کار لائی جائے جس کے

ذریعے دین زمانے کی رو کو اپنے قابو میں رکھتا ہے؟ جب وہ عمل پر زور دیتے ہیں تو اس سے انکی مراد اطاعت الٰہیہ ہوتی ہے، جو در حقیقت احکام ہی کا ایک زندہ ظہور ہے، اسی طرح تاریخ ان کی نظر میں اطاعت کے کمال یا ضعف کا آئینہ ہے۔

ابوالکلام، برصغیر کی حد تک غالباً پہلے آدمی تھے جنہوں نے امت مسلمہ کی بنیادی ساخت کا قرآن کی روشنی میں تعین کیا، اور اس کی شکست وریخت کے اسباب اور امکانات کی پوری قطعیت کے ساتھ نشان دہی کی، اور پھر یہیں رکے نہیں بلکہ اپنے قول و عمل سے وہ راستے بھی دکھائے جن پر چل کر زوال کی راہ روکی جاسکتی ہے۔ اس کام کے لیے جس آفاقی انداز نظر، تاریخی بصیرت، قوت عمل اور بلندی کردار کی ضرورت تھی، وہ ان سب سے بہرہ ور تھے۔ روایتی علماء ہوں یا جدید دانشور، مولانا سب کی رہنمائی کر سکتے تھے۔ یہ جامعیت جس نے انہیں اپنے زمانے کے مفسروں، محدثوں، فقہا، متکلمین اور علمائے لغت کے ساتھ ساتھ فلسفہ، تاریخ سیاست، شعر وادب، صحافت وغیرہ کے ماہرین کا معتقد بنا رکھا تھا، سچ پوچھیں تو صدیوں میں کسی ایک شخص کو نصیب ہوتی ہے۔ ان کی شخصیت میں دینداری اور اتباع سنت کا پہلو کچھ اور مضبوط ہوتا تو وہ ائمہ امت میں شمار ہوتے۔

"قرآن کا قانون عروج وزوال" مولانا کے ان مضامین کا ایک موضوعاتی مجموعہ ہے جو وقتاً فوقتاً "الہلال" میں چھپتے رہے تھے۔ ان مضامین سے جو مجموعی خاکہ مرتب ہوتا ہے وہ یہ ہے کہ مسلمان ہونا، انفرادی اور اجتماعی سطح پر جن ذمہ داریوں کو قبول کرنے کا نام ہے، ان سے عہدہ برآ ہونے کی مؤثر صورتیں کیا ہیں؟ اسلام، مسلمان اور تاریخ اس کتاب میں یہ مثلث تشکیل دی گئی ہے اور اس کے ہر زاویے کو قرآنی رخ پر مکمل کیا گیا ہے۔ مثلاً: "حقیقت اسلام" میں تعلق باللہ اور کمال بندگی کے اصول و مظاہر بتائے گئے

ہیں اور جہاد و قربانی پر ایک وسیع تر تناظر میں گفتگو کی گئی ہے۔ "امت مسلمہ' تاسیس اور نشاۃ ثانیہ" دین ابراہیمی کی تاسیس و تکمیل ایک مکمل تصویر ہے جس کا مرکز کعبۃ اللہ ہے۔ حقیقت حج پر بہت کچھ لکھا گیا ہے مگر مولانا کی یہ تحریر کئی لحاظ سے منفرد اور ممتاز ہے۔ اس سے حج کا جامع العبادات اور اصول جمیعت ہونا پوری طرح منکشف ہو جاتا ہے اور اس کے علاوہ اسلامی تصور قومیت میں حج کو مرکزی حیثیت حاصل ہے، وہ بھی۔

❊ ❊ ❊

امت مسلمہ

تاسیس اور نشاۃ ثانیہ

اہل عرب نے اگرچہ حضرت ابراہیم علیہ السلام کے مجموعہ تعلیم وہدایت کو بالکل بھلا دیا تھا، لیکن انہوں نے خانہ کعبہ کے کنگرے پر چڑھ کر تمام دنیا کو جو دعوت عام دی تھی، اسکی صدائے بازگشت اب تک عرب کے درودیوار سے آرہی تھی۔

واذبوانالابرھیم مکان البیت ان لاتشرک بی شیاوطھربیتی للطائفین والقائمین والرکع السجود۔واذن فی الناس بالحج یاتوک رجالاوعلی کل ضامریاتین من کل فج عمیق۔(22:26،27)

اور جب ہم نے حضرت ابراہیم علیہ السلام کے لیے ایک معبد قرار دیا اور حکم دیا کہ ہماری جبروت میں اور کسی چیز کو شریک نہ ٹھہرانا اور اس گھر کو طواف کرنے والوں اور رکوع وسجود کرنے والوں کے لیے ہمیشہ پاک ومقدس رکھنا، نیز ہم نے حکم دیا کہ دنیا میں حج کی پکار بلند کرو، لوگ تمہاری طرف دوڑتے چلے آئیں گے۔ ان میں پیادہ بھی ہوں گے اور وہ بھی جنہوں نے مختلف قسم کی سواریوں پر دور دراز مقامات سے قطع مسافت کی ہو گی۔

لیکن سچ کے ساتھ جب جھوٹ مل جاتا ہے تو وہ اور بھی خطرناک ہو جاتا ہے اہل عرب نے اگرچہ حضرت ابراہیم علیہ السلام کی اس سنت قدیمہ کو اب تک زندہ رکھا ہے،

لیکن بدعات واختراعات کی آمیزش نے اصل حقیقت کو بالکل گم کر دیا تھا۔ خدا نے اپنے گھر میں حضرت ابراہیم علیہ السلام کو قیام کی اجازت اس شرط پر دی تھی کہ کسی کو خدا کا شریک نہ بنانا۔

لا تشرک بی شیا(26:22)

لیکن اب خدا کا گھر تین سو ساٹھ بتوں کا مرکز بن گیا تھا اور ان کا طواف کیا جاتا تھا۔

خدا نے حج کا مقصد یہ قرار دیا تھا کہ دنیوی فوائد کے ساتھ خدا کا ذکر قائم کیا جائے لیکن اب صرف آباء واجداد کے کارنامے، فخر وغرور کے ترانے گائے جاتے تھے۔

حج کا ایک مقصد تمام انسانوں میں مساوات قائم کرنا تھا، اسی لیے تمام عرب بلکہ تمام دنیا کو اس کی دعوت دی گئی اور سب کو وضع ولباس میں متحد کر دیا گیا۔

لیکن قریش کے غرور فضیلت نے اپنے لیے بعض خاص امتیازات قائم کر لئے تھے جو اصول مساوات کے بالکل منافی تھے۔ مثلاً تمام عرب عرفات کے میدان میں قیام کرتے تھے۔ لیکن قریش مزدلفہ سے باہر نہیں نکلتے تھے اور کہتے تھے کہ ہم متولیان حرم، حرم کے باہر نہیں جاسکتے، جس طرح آج کل کے امراء فسق اور والیان ریاست عام مسلمانوں کے ساتھ مسجد میں آکر بیٹھنے اور دوش بدوش کھڑے ہونے میں اپنی توہین سمجھتے ہیں۔ قریش کے سوا عرب کے تمام مرد وزن برہنہ طواف کرتے تھے۔ ستر عورت کے ساتھ صرف وہی لوگ طواف کر سکتے جن کو قریش کی طرف سے کپڑا ملتا اور قریش نے اس کو بھی اپنی اظہار سیادت کا ایک ذریعہ بنالیا تھا۔

عمرہ گویا حج کا ایک مقدمہ یا تکملہ تھا لیکن اہل عرب ایام حج میں عمرہ کو سخت گناہ سمجھتے تھے اور کہتے تھے کہ جب حاجیوں کی سواریوں کے پشت کے زخم اچھے ہو جائیں اور صفر کا مہینہ گذر جائے تب عمرہ جائز ہو سکتا ہے۔ حج کے تمام ارکان واجزاء میں یہودیانہ

رہبانیت کا عالم گیر مرض جاری و ساری ہو گیا تھا۔

اپنے گھر سے پاپیادہ حج کرنے کی منت ماننا، جب تک حج ادا نہ ہو جائے، خاموش رہنا، قربانی کے اونٹوں پر کسی حالت میں سوار نہ ہونا، ناک میں نکیل ڈال کر جانوروں کی طرح خانہ کعبہ کا طواف کرنا، زمانہ حج میں گھر کے اندر دروازے کی راہ سے نہ گھسنا، بلکہ پچھواڑے کی طرف سے دیوار پھاند کر آنا، در و دیوار پر قربانی کے جانوروں کے خون کا چھاپہ لگانا عرب کا عام شعار ہو گیا تھا۔

اسلام کا ظہور درحقیقت دین ابراہیم کی حقیقت کی تکمیل تھی۔ اس لیے وہ ابتدا ہی سے اس حقیقت گم شدہ کی تجدید و احیاء میں مصروف ہو گیا جس کا قالب حضرت ابراہیم علیہ السلام کے مبارک ہاتھوں نے تیار کیا تھا۔ اسلام کا مجموعہ عقائد و عبادات صرف توحید، نماز، روزہ، زکوٰۃ، اور حج سے مرکب ہے۔ لیکن ان تمام ارکان میں حج ہی ایک ایسا رکن ہے جس سے ان تمام مجموعہ کی ہئیت ترکیبی مکمل ہوتی ہے اور یہ تمام ارکان اس کے اندر جمع ہو گئے۔ یہی وجہ ہے کہ آنحضرت صلی اللہ علیہ والہ وسلم نے اسلام کو صرف خانہ کعبہ ہی کے ساتھ معلق کر دیا۔

انما امرت ان اعبد رب ھذہ البلدۃ الذی حرمھا ولہ کل شیئ وامرت ان اکون من المسلمین۔(91:27)

مجھ کو صرف یہ حکم دیا گیا ہے کہ میں اس شہر (مکہ) کے خدا کی عبادت کروں جس نے اس کو عزت دی۔ سب کچھ اسی خدا کا ہے اور مجھے حکم دیا گیا ہے کہ میں اسی کا فرمانبردار مسلم بنوں۔

یہی وجہ ہے کہ قرآن حکیم نے ہر موقع پر حج کے ساتھ اسلام کا ذکر بطور لازم و ملزوم کے کیا ہے:

ولکل امۃ جعلنا منسکا لیذ کروا اسم اللہ علی مارزقھم من بھیمۃ الانعام فالھکم الہ واحد فلہ اسلموو بشرا لمخبتین۔(34:22)

اور ہر ایک امت کے لیے ہم نے قربانی قرار دی تھی تاکہ خدا نے ان کو جو چوپائے بخشے ہیں، ان کی قربانی کے وقت خدا کا نام لیں۔ پس تم سب کا خدا ایک ہے۔ اس کے لیے تم سب فرمانبردار بن جاؤ اور خدا کے خاکسار بندوں کو حج کے ذریعے دین حق کی بشارت دو۔

اسلام خدا اور بندے کا ایک فطری معاہدہ تھا جس کو انسان کی ظالمانہ عہد شکنی نے بالکل چاک چاک کر دیا تھا اس لیے خدا نے حضرت ابراہیم علیہ السلام کی ناخلف اولاد کو روز اول ہی سے اس کے ثمرات سے محروم کر دیا۔

واذ ابتلی ابرھیم ربہ بکلمت فاتمھن قال انی جاعلک للناس اماما قال ومن ذریتی قال لاینال عھدی الظلمین۔(124:2)

جب خدا نے چند احکام کے ذریعے ابراہیم علیہ السلام کو آزمایا اور خدا کے امتحان میں پورے پورے اترے تو خدا نے کہا اب میں تمہیں دنیا کی امامت عطا کرتا ہوں۔ اس پر حضرت ابراہیم علیہ السلام نے عرض کیا، کیا میری اولاد کو بھی؟ ارشاد ہوا کہ ہاں مگر اس قول و قرار میں ظالم لوگ داخل نہیں ہو سکتے۔

خدا نے حضرت ابراہیم علیہ السلام کو جن کلمات کے ذریعے آزمایا اور جن کی بنا پر انہیں دنیا کی امامت عطا ہوئی، وہ اسلام کے اجزاء اولین توحید الٰہی، قربانی نفس و جذبات، صلوات الٰہی کا قیام اور معرفت دین فطری کے امتحانات تھے۔ اگرچہ ان کی اولاد میں سے چند ناخلف لوگوں نے ان ارکان کو چھوڑ کر اپنے اوپر ظلم کیا۔ اور اس موروثی عہد سے محروم ہو گئے۔

قال لاینال عھدی الظلمین۔124:2

لیکن حضرت ابراہیم علیہ السلام کی ذات کے اندر ایک دوسری امت بھی چھپی ہوئی تھی جس کے لیے خود انہوں نے خدا سے دعا کی تھی۔

ان ابراھیم کان امۃ قانتا(120:16)

حضرت ابراہیم علیہ السلام گو بظاہر ایک فرد واحد تھے۔ مگر ان کی فعالیت روحانیہ و الہیہ کے اندر ایک پوری قوم قانت و مسلم پوشیدہ تھی۔

اب اس امت مسلمہ کے ظہور کا وقت آگیا اور وہ رسول موعود غار حرا کے تاریک گوشوں سے نکل کر منظر عام پر نمودار ہوا۔ تا کہ اس نے خود اس اندھیرے میں جو روشنی دیکھی ہے، وہ روشنی تمام دنیا کو بھی دکھلا دے۔

یخرجھم من الظلمت الی النور(257:2)

قد جاء کم من اللہ نور وکتب مبین(15:5)

وہ پیغمبر ان کو اندھیرے سے نکال کر روشنی کی طرف لاتا ہے۔ بے شک تمہارے پاس اللہ کی طرف سے نور ہدایت اور ایک کھلی ہدایتیں دینے والی کتاب آئی۔

وہ منظر عام پر آیا تو سب سے پہلے اپنے باپ کے موروثی گھر کو ظالموں کے ہاتھ سے واپس لینا چاہا۔ لیکن اس کے لیے حضرت ابراہیم علیہ السلام ہی کی طرح بتدریج چند روحانی مراحل سے گذرنا ضروری تھا۔ چنانچہ اس نے ان مرحلوں سے بتدریج گذرنا شروع کیا۔ اس نے غار حرا سے نکلنے کے ساتھ ہی توحید کا غلغلہ بلند کیا کہ خدا نے حضرت ابراہیم علیہ السلام سے جو عہد لیا تھا اس کی پہلی شرط یہی تھی۔ ان لاتشرک بی شیئا(26:22) پھر اس نے صف نماز قائم کی کہ یہ صرف خدا ہی کے آگے سر جھکانے والوں کے لیے بنایا گیا تھا للطائفین والقائمین والرکع السجود(26:22) اس نے روزے کی

تعلیم دی کہ وہ شرائط حج کا جامع و مکمل تھا۔

فمن فرض فیھن الحج فلا رفث ولا فسوق ولا جدال فی الحج (197:2)

جس شخص نے ان مہینوں میں حج کا عزم کر لیا تو اس کو ہر قسم کی نفس پرستی، بد کاری، جھگڑے اور تکرار سے اجتناب کرنا لازمی ہے۔

اور روزہ کی حقیقت یہی ہے کہ وہ انسان کو غیبت، بہتان، فسق و فجور، مخاصمت، تنازعت اور نفس پرستی سے روکتا ہے۔ جیسا کہ احکام صیام میں فرمایا۔

ثم اتموا الصیام الی الیل ولا تباشروھن وانتم عکفون فی المسجد (187:2)

پھر رات تک روزہ پورا کرو اور روزہ کی حالت میں عورتوں کے نزدیک نہ جاؤ اور اگر مساجد میں اعتکاف کرو تو شب کو بھی ان سے الگ رہو۔

اس نے زکوٰۃ بھی فرض کر دی۔ وہ بھی حج کا ایک اہم مقصد تھا۔

فکلوا منھا واطعموا البائس الفقیر۔ (28:22)

قربانی کا گوشت خود بھی کھاؤ اور فقیروں اور محتاجوں کو بھی کھلاؤ۔

اس طرح جب امت مسلمہ کا روحانی خاکہ تیار ہو گیا تو اس نے اپنی طرح ان کو بھی منظر عام پر نمایاں کرنا چاہا، اس غرض سے اس نے عمرہ کی تیاری کی اور چودہ پندرہ سو کی جمعیت کے ساتھ روانہ ہوا کہ پہلی بار اپنے آبائی گھر کو حسرت آلود نگاہوں سے دیکھ کر چلے آئیں۔

لیکن یہ کاروان ہدایت راستے میں بمقام حدیبیہ پر روک دیا گیا۔ دوسرے سال حسب شرائط صلح زیارت کعبہ کی اجازت ملی اور آپ مکہ میں قیام کر کے چلے آئے۔ اب اس مصالحت نے راستے کے تمام نشیب و فراز ہموار کر دیے تھے۔ صرف خانہ کعبہ میں پتھروں کا ایک ڈھیر رہ گیا تھا۔ اسے بھی فتح مکہ نے صاف کر دیا۔

دخل النبی صلی اللہ علیہ وسلم مکہ وحول الکعبۃ ثلاث مائۃ وستون نصبافجعل یطعنھابعود فی یدہ وجعل یقول جاء الحق وزھق الباطل۔ جآء الحق وزھق الباطل ان الباطل کان زھوقا۔(81:17)

آں حضرت فتح مکہ کے بعد جب خانہ کعبہ میں داخل ہوئے تو اس کے گرد تین سوساٹھ بت نظر آئے۔ آپ ان کو ایک لکڑی کے ذریعے ٹھکراتے جاتے تھے اور یہ آیت پڑھتے جاتے تھے۔

یعنی حق اپنے مرکز پر آگیا اور باطل نے اس کے سامنے ٹھوکر کھائی۔ باطل پامال ہونے ہی کے قابل تھا۔ اب میدان صاف تھا۔ راستے میں ایک کنکری بھی سنگ راہ نہیں ہوسکتی تھی۔ باپ نے گھر کو جس حال میں چھوڑا تھا، بیٹے نے اسی حالت میں اس پر قبضہ کر لیا۔ تمام عرب نے فتح مکہ کو اسلام وکفر کا معیار صداقت قرار دیا۔ جب مکہ فتح ہوا تو لوگ جوق در جوق دائرہ اسلام میں داخل ہونے لگے۔ وقت آگیا تھا کہ دنیا کو اس جدیدہ النشاۃ امت مسلمہ کے قالب روحانی کا منظر عام طور پر دکھایا جاتا۔ اس لیے دوبارہ اسی دعوت نامہ کا اعادہ کیا گیا جس کے ذریعہ حضرت ابراہیم علیہ السلام نے تمام عالم میں ایک غلغلہ عام ڈال دیا تھا۔ مگر اس قوت کا تعلق میں آنا ظہور ہی پر موقوف تھا۔

وللہ علی الناس حج البیت من استطاع الیہ سبیلا(97:3)

جو لوگ مالی اور جسمانی حالت کے لحاظ سے حج کی استطاعت رکھتے ہیں ان پر اب حج فرض کر دیا گیا۔ اس صدا پر تمام عرب نے لبیک کہا اور آپ کے گرد تیرہ چودہ ہزار آدمی جمع ہوگئے، عربوں نے ارکان حج میں جو بدعات اور اختراعات پیدا کر رکھی تھیں، ان کو ایک ایک کر چھڑا دیا گیا۔

فاذکروا اللہ کذکرکم اباءکم اواشد ذکرا(200:2)

زمانہ حج میں خدا کو اسی جوش و خروش سے یاد کرو جس طرح اپنے آباء و اجداد کے کارناموں کا اعادہ کرتے ہو بلکہ اس سے بھی زیادہ سرگرمی کے ساتھ۔ قریش کے تمام امتیازات مٹا دیے گئے اور تمام عرب کے ساتھ ان کو بھی عرفہ کے ایک گوشہ میں کھڑا کر دیا گیا۔

ثم افیضوا من حیث افاض الناس واستغفروا اللہ ان اللہ غفور رحیم (199:2)

اور جس جگہ سے تمام لوگ روانہ ہوں، تم بھی وہیں سے روانہ ہوا کرو اور فخر و غرور کی جگہ خدا سے مغفرت مانگو کیوں کہ خدا بڑا بخشنے والا اور رحم کرنے والا ہے۔

سب سے بدترین رسم برہنہ طواف کرنے کی تھی اور مردوں سے زیادہ حیاسوز نظارہ برہنہ عورتوں کے طواف کا ہوتا تھا لیکن ایک سال پہلے ہی اس کی عام ممانعت کرا دی گئی۔

انا ابا ھریرۃ اخبرہ ان ابا بکر الصدیق رضی اللہ تعالیٰ عنہ بعثہ فی الحجۃ التی امرہ علیھا رسول اللہ صلی اللہ علیہ والہ وسلم قبل حجۃ الوداع یوم النحر فی رھط یؤذن فی الناس الا لا یحج بعد العام مشرک ولا یطوف بالبیت عریان۔

حضرت ابو ہریرہ رضی اللہ تعالیٰ عنہ فرماتے ہیں کہ حجۃ الوداع سے پہلے آنحضرت صلی اللہ علیہ والہ وسلم نے حجۃ الوداع میں عمرہ ہی کا احرام باندھا اور صحابہ کو بھی عمرہ کرنے کا حکم دیا۔ پاپیادہ اور خاموش حج کرنے کی کی ممانعت کی گئی۔ قربانی کے جانوروں پر سوار ہونے کا حکم دیا گیا۔ ناک میں رسی ڈال کر طواف کرنے سے روکا گیا اور گھر میں دروازے سے داخل ہونے کا حکم ہوا۔

ولیس البربان تاتوا البیوت من ظھورھا ولکن البر من اتقی واتوا البیوت من ابوابھا واتقوا اللہ لعلکم تفلحون (189:2)

یہ کوئی نیکی کا کام نہیں ہے کہ گھروں میں پچھواڑے سے آؤ۔ نیکی تو صرف اس کی ہے جس نے پرہیز گاری اختیار کی۔ پس گھروں میں دروازے ہی کی راہ سے آؤ اور خدا سے ڈرو۔ یقین ہے کہ تم کامیاب ہوگے۔

قربانی کی حقیقت واضح کر دی گئی اور بتایا گیا کہ وہ صرف ایثار نفس و فدویت جان و روح کے اظہار کا ایک طریقہ ہے۔ اس کا گوشت یا خون خدا تک نہیں پہنچتا کہ اس کے چھاپہ سے دیواروں کو رنگین کیا جائے۔ خدا تو صرف خالص نیتوں اور پاک وصاف دلوں کو دیکھتا ہے۔

لن ینال اللہ لحومھا ولا دماءھا ولکن ینالہ التقویٰ منکم (37:22)

خدا تک قربانی کے جانوروں کا گوشت و خون نہیں پہنچتا بلکہ اس تک صرف تمہاری پرہیز گاری پہنچتی ہے۔

یہ چھلکے اتر گئے تو خالص مغز باقی رہ گیا۔ اب وادی مکہ میں خلوص کے دو قدیم و جدید منظر نمایاں ہو گئے۔ ایک طرف آب زمزم کی شفاف سطح لہریں لے رہی تھی دوسری طرف ایک جدید النشاۃ قوم کا دریائے وحدت موجیں مار رہا تھا۔

لیکن دنیا اب تک اس اجتماع کی حقیقت سے بے خبر تھی۔ اسلام کی 23 سالہ زندگی کا مدوجزر تمام عرب دیکھ چکا تھا۔ مگر کوئی نہیں جانتا تھا کہ اسلام کی تاریخی زندگی کن نتائج پر مشتمل تھی اور مسلمانوں کی جدوجہد۔ فدویت وایثار نفس وروح کا مقصد اعظم کیا تھا۔ اب اس کی توضیح کا وقت آ گیا۔

حضرت ابراہیم علیہ السلام نے اس گھر کا سنگ بنیاد رکھا تو یہ دعا پڑھی تھی۔

واذ قال ابراھیم رب اجعل ھذا بلدا امنا وارزق اھلہ من الثمرات من امن منھم باللہ والیوم الآخر (126:2)

جب ابراہیم علیہ السلام نے کہا خداوند! اس شہر کو امن کا شہر بنا اور اس کے باشندے اگر خدا اور روز قیامت پر ایمان لائیں تو ان کو ہر قسم کے ثمرات وانعام عطا فرما۔ جس وقت انہوں نے یہ دعا کی تھی تمام دنیا فتنہ وفساد کا گہوارہ بن رہی تھی دنیا کا امن وامان اٹھ گیا تھا۔ اطمینان وسکون کی نیند آنکھوں سے اڑ گئی تھی۔ دنیا کی عزت وآبرو معرض خطر میں تھی۔ جان ومال کا تحفظ ناممکن ہو گیا تھا۔ کمزور اور ضعیف لوگوں کے حقوق پامال کر دیے گئے تھے۔ عدالت کا گھر ویران، حرمت انسانیت مفقود اور نیکی کی مظلومیت انتہائی حد تک پہنچ چکی تھی۔ کرہ ارض کا کوئی حصہ ایسا نہ تھا جو ظلم وکفر کی تاریکی سے ظلمت کدہ نہ ہو۔

اس لیے انہوں نے آباد دنیا کے ناپاک حصوں سے کنارہ کش ہو کر ایک وادی غیر ذی زرع میں سکونت اختیار کی۔ وہاں ایک دارالامن بنایا اور تمام دنیا کو صلح وسلام کی دعوت دی۔ اب ان کی صالح اولاد سے یہ دارالامن، چھین لیا گیا تھا اس لیے اس کی واپسی کے لیے پورے دس سال تک اس کے فرزند نے بھی باپ کی طرح میدان میں ڈیرہ ڈال دیا۔ فتح مکہ نے جب اس کا امن وملجا واپس دلایا، تو وہ اس میں داخل ہوا کہ باپ کی طرح تمام دنیا کو گم شدہ حق کی واپسی کی بشارت دے۔ چنانچہ وہ اونٹ پر سوار ہو کر نکلا اور تمام دنیا کو مژدہ امن وعدالت سنایا۔

ان دمائکم واموالکم علیکم حرام کحرمۃ یومکم ھذا فی شہرکم ھذا فی بلدکم ھذا الا ان کل شئی من امر الجاھلیۃ تحت قدمی موضوع واول امر اضعہ دماء فاول دم ابن ربیعۃ وربا الجاھلیۃ موضوع واول ربا اضع ربا عباس بن عبدالمطلب اللھم اشھد اللھم اشھد اللھم اشھد

جس طرح تم آج کے دن کی، اس مہینہ کی، اس شہر مقدس کی حرمت کرتے ہو، اسی طرح تمہارا خون اور تمام مال بھی تم پر حرام ہے۔ اچھی طرح سن لو کہ جاہلیت کی

تمام بری رسموں کو آج میں اپنے دونوں قدموں سے کچل ڈالتا ہوں۔ بالخصوص زمانہ جاہلیت کے انتقام اور خون بہا لینے کی رسم تو بالکل مٹادی جاتی ہے۔ میں سب سے پہلے اپنے بھائی ربیعہ کے انتقام سے دست بردار ہوتا ہوں۔ جاہلیت کی سود خواری کا طریقہ بھی مٹادیا جاتا ہے اور سب سے پہلے میں اپنے چچا عباس ابن عبد المطلب کے سود کو چھوڑتا ہوں۔ خدایا تو گواہ رہیو۔ خدایا تو گواہ رہیو۔ خدایا تو گواہ رہیو!!! کہ میں نے تیرا پیغام بندوں تک پہنچادیا۔

اب حق پھر اپنے اصل مرکز پر آگیا اور باپ نے دنیا کی ہدایت وارشاد کے لیے جس نقطہ سے پہلا قدم اٹھایا تھا، بیٹے کے روحانی سفر کی وہ آخری منزل ہوئی اور اس نقطہ پر پہنچ کر اسلام کی تکمیل ہوگئی۔ اس لیے کہ اس نے تمام دنیا کو مثردہ امن سنایا تھا۔ آسمانی فرشتہ نے بھی اس کو اپنے کامیاب مقصد کی سب سے آخری بشارت دیدی۔

الیوم اکملت لکم دینکم واتممت علیکم نعمتی ووضیت لکم الاسلام دینا(3:5)

آج کے دن میں نے تمہارے دین کو بالکل مکمل کر دیا اور تم پر اپنے احسانات پورے کر دیے اور میں نے اسلام کو بطور ایک برگزیدہ دین منتخب کیا۔

لیکن ان تمام چیزوں سے مقدم اور ان تمام ترقیوں کا سنگ بنیاد ایک خاص امت مسلمہ اور حزب اللہ کا پیدا کرنا اور اس کا استحکام و نشو و نما تھا۔

حضرت ابراہیم واسماعیل علیہما السلام نے حج کا مقصد اولین اسی کو قرار دیا تھا۔

ربناواجعلنا مسلمین لک و من ذریتنا آمۃ مسلمۃ لک وارنا مناسکنا وتب علینا انک انت التواب الرحیم۔(128:2)

خدایا ہم کو اپنا فرمانبردار بنا اور ہماری اولاد میں سے اپنی ایک امت مسلمہ پیدا کر اور اگر ہم سے ان کی فرمابرداری میں لغزش ہو تو اس کو معاف فرما۔ تو بڑا مہربان اور معاف

کرنے والا ہے۔

لیکن جس قالب میں قومیت کا ڈھانچہ تیار ہوتا ہے۔ اس میں دو قوتیں نہایت شدت اور وسعت کے ساتھ عمل کرتی ہیں۔ آب وہوا اور مذہب۔ آب وہوا اور جغرافیہ یعنی حدود طبعیہ اگرچہ قومیت کے تمام اجزاء کو نہایت وسعت کے ساتھ احاطہ کر لیتے ہیں، لیکن ان کے حلقہ اثر میں کوئی دوسری قوم نہیں داخل ہوسکتی۔ یورپ اور ہندوستان کی قدیم قومیت نے صرف ایک محدود حصہ تک دنیا میں نشوونما پائی ہے اور آب وہوا کے اثر نے ان کو دنیا کی تمام قوموں سے بالکل الگ تھلگ کر دیا ہے۔ لیکن مذہب کا حلقہ اثر نہایت وسیع ہوتا ہے اور وہ ایک محدود قطعہ زمین میں اپنا عمل نہیں کرتا بلکہ دنیا کے ہر حصے کو اپنی آغوش میں جگہ دیتا ہے۔ کرہ آب وہوا کا طوفان خیز تصادم اپنے ساحل پر کسی غیر قوم کو آنے نہیں دیتا۔ مگر مذہب کا ابر کرم اپنے سایے میں تمام دنیا کو لے لیتا ہے۔

حضرت ابراہیم علیہ السلام جس عظیم الشان قوم کا خاکہ تیار کر رہے تھے اس کا مایہء خمیر صرف مذہب تھا اور اسکی روحانی ترکیب عنصر آب وہوا کی آمیزش سے بالکل بے نیاز تھی۔ جماعت قائم ہو کر اگرچہ ایک محسوس مادی شکل میں نظر آتی ہے لیکن درحقیقت اس کا نظام ترکیبی بالکل روحانی طریقہ پر مرتب ہوتا ہے جس کو صرف جذبات اور خیالات بلکہ عام معنوں میں صرف قوائے دماغیہ کا اتحاد واشتراک ترتیب دیتا ہے۔ اس بنا پر اس قوم کے پیدا ہونے سے پہلے حضرت ابراہیم علیہ السلام نے ایک مذہبی رابطہ اتحاد کے رشتہ کو مستحکم کیا۔

اذ قال لہ ربہ اسلم قال اسلمت لرب العلمین۔(131:2)

جب کہ ابراہیم علیہ السلام سے اس کے خدا نے کہا کہ صرف ہماری ہی فرمانبرداری

کرو تو انہوں نے جواب دیا کہ میں مسلم ہوا پروردگار عالم کے لیے۔

ووصی بھا ابرھم بنیہ ویعقوب یبنی ان اللہ اصطفی لکم الدین فلا تموتن الا وانتم مسلمون۔(132:2)

اور پھر اسی طریقہ اسلامی کو انہوں نے اور یعقوب علیہ السلام نے اپنی نسل کو وصیت کی اور کہا خدا نے تمہارے لیے ایک نہایت برگزیدہ دین منتخب کر دیا ہے تم اس پر عمر بھر قائم رہنا اور مرنا تو مسلمان مرنا۔

لیکن جماعت عموما اپنے مجموعہ عقائد کو مجسم طور پر دنیا کی فضائے بسیط میں دیکھنا چاہتی ہے اور اس کے ذریعے اپنی قومیت کے قدیم عہد مودت کو تازہ کرتی ہے۔ اس لیے انہوں نے اس جدید النشاۃ قومیت کے ظہور و تکمیل کے لیے ایک نہایت مقدس اور وسیع آشیانہ تیار کیا۔

واذ یرفع ابرھم القواعد من البیت واسمعیل ربنا تقبل منا انک انت السمیع العلیم(127:2)

جب ابراہیم واسماعیل علیہما السلام خانہ کعبہ کی بنیاد ڈال رہے تھے تو یہ دعا ان کی زبانوں پر تھی۔ خدایا ہماری اس خدمت کو قبول کر۔ تو دعاؤں کا سننے والا اور نیتوں کا جاننے والا ہے۔

یہ صرف اینٹ پتھر کا گھر نہ تھا بلکہ ایک روحانی جماعت کے قالب کا آب و گل تھا اس لیے جب وہ تیار ہو گیا تو انہوں نے اس جماعت کے پیدا ہونے کی دعا کی۔

ربنا واجعلنا مسلمین لک ومن ذریتنا امۃ مسلمۃ لک(128:2)

اب یہ قوم پیدا ہو گئی اور حضرت ابراہیم علیہ السلام نے اپنی آخری وصیت کے ذریعے اس روحانی سر رشتہ حیات کو اس کے حوالہ کر دیا۔

ووصی بھا ابرھم بنیہ ویعقوب یبنی ان اللہ اصطفے لکم الدین فلا تموتن الا وانتم مسلمون(132:2)

اور ابراہیم اور یعقوب علیہما السلام دونوں نے اس کے روحانی طریقہ پر نشوونما کی اور اپنے اپنے بیٹوں کو وصیت کی کہ خدا نے تمہارے لیے ایک برگزیدہ دین منتخب فرمادیا ہے تم اس پر قائم رہنا۔

واذ حضر یعقوب الموت اذ قال لبنیہ ما تعبدون من بعدی قالو نعبد الھک والہ ابآئک ابرھیم واسمعیل واسحق الھا واحدا ونحن لہ مسلمون(133:2)

اور پھر کیا تم اس وقت موجود تھے جب یعقوب کے سر پر موت آ کھڑی ہوئی اور اس آخری وقت میں انہوں نے اپنے بیٹوں سے پوچھا میرے بعد کس چیز کی پوجا کروگے۔ انہوں نے جواب دیا کہ ہم تیرے اور تیرے مقدس باپ ابراہیم علیہ السلام واسماعیل علیہ السلام واسحاق علیہ السلام کے خدائے واحد کی عبادت کریں گے اور ہم اسی کے فرمانبردار بندے ہیں۔

اب اگرچہ یہ جماعت دنیا میں موجود نہ تھی اور اس کے آثار صالحہ کو زمانے نے بے اثر کر دیا تھا۔

تلک امۃ قد خلت لھا ما کسبت ولکم ما کسبتم(134:2)

وہ قوم گذر گئی۔ اس نے جو کام کئے اس کے نتائج اس کے لیے تھے اور تم جو کچھ کروگے اس کے نتائج تمہارے لیے ہوں گے لیکن اس کی ترتیب ونشوونما کا عہد قدیم اب تک دستبرد زمانہ سے بچا ہوا تھا اور اپنے آغوش میں مقدس یادگاروں کا ایک وسیع ذخیرہ رکھتا تھا۔ اس کے اندر اب تک آب زمزم لہریں لے رہا تھا۔ صفا ومروہ کی چوٹی کی گردنیں اب تک بلند تھیں۔ مذبح اسماعیل علیہ السلام اب تک مذہب کے خون سے رنگین

تھا۔ حجر اسود اب تک بوسہ گاہ خلق تھا۔ مشاعر ابراہیم علیہ السلام اب تک قائم تھے۔ عرفات کے حدود میں اب تک کوئی تبدیلی نہیں کی گئی تھی۔ غرضیکہ اس کے اندر خدا کے سوا سب کچھ تھا اور صرف اس کے جمال جہاں آرا کی کمی تھی۔ اس لیے کی تجدید النفخ روح کے لیے، ایک مدت کے بعد حضرت ابراہیم علیہ السلام کی دعا کا سب سے آخری نتیجہ ظاہر ہوا۔ انہوں نے کعبۃ اللہ کی بنیاد رکھتے ہوئے دعا کی تھی۔

ربناوابعث فیھم رسولا منھم یتلوا علیھم ایتک و یعلمھم الکتب والحکمۃ ویزکیھم انک انت العزیزالحکیم (129:2)

خدایا ان کے درمیان انہی لوگوں میں سے ایک پیغمبر بھیج کہ وہ ان کو تیری آئیتں پڑھ کر سنائے اور کتاب اور حکمت کی تعلیم دے اور ان کے نفوس کا تزکیہ کر دے۔ تو بڑا صاحب اختیار و حکمت ہے۔

چنانچہ اس کا ظہور وجود مقدس سے حضرت رحمۃ للعالمین و ختم المرسلین علیہ الصلوۃ والسلام کی صورت میں ہوا جو ٹھیک اس دعا کا پیکر و مثل تھا۔

ھوالذی بعث فی الامین رسولا منھم یتلوا علیھم ایتہ ویزکیھم و یعلمھم الکتب والحکمۃ (2:62)

وہ خدا جس نے ایک غیر متمدن قوم میں سے اپنا ایک رسول پیدا کیا جو اللہ کی آیات اس کو سناتا ہے۔ اس کے نفوس کا تزکیہ کرتا ہے اور کتاب و حکمت کی تعلیم دیتا ہے۔

پس انہوں نے جو قوم پیدا کر دی تھی اسی کے اندر سے ایک پیغمبر اٹھا۔ اس نے اس گھر میں سب سے پہلے خدا کو ڈھونڈنا شروع کیا لیکن وہ انیٹ پتھر کے ڈھیر میں بالکل چھپ گیا تھا۔ فتح مکہ نے اس انبار کو ہٹا کو دیا تو خدا کے نور سے قندیل حرم پھر روشن ہو گئی۔

وہ قوم جس کے لیے حضرت ابراہیم علیہ السلام نے دعا فرمائی تھی۔ اس پیغمبر کے

فیض صحبت سے بالکل مزکی وتربیت یافتہ ہو گئی تھی۔ اب ایک مرکز پر جمع کر کے اس کے مذہبی جذبات کو صرف جلا دینا باقی تھا۔ چنانچہ اسے خانہ کعبہ کے اندر لا کر کھڑا کر دیا گیا اور اس کی مقدس قدیم مذہبی یادگاروں کی تجدید و احیاء سے اس کے مذہبی جذبات کو بالکل پختہ و مستحکم کر دیا۔ ان الصفا والمروۃ من شعائر اللہ فمن حج البیت اواعتمر فلا جناح علیہ ان یطوف بھما(158:2)

صفا و مروہ خدا کی قائم کی ہوئی یادگاریں ہیں۔ جو لوگ حج یا عمرہ کرتے رہیں، ان پر ان دونوں کا طواف کرنے میں کوئی حرج نہیں۔

کبھی ان کو مشعر حرام کی یاد دلائی گئی۔

فاذا افضتم من عرفت فاذکروا اللہ عند المشعر الحرام(198:2)

جب عرفات سے لوٹو تو مشعر حرام (مزدلفہ) کے نزدیک خدا کی یاد کرو۔

خانہ کعبہ جو دنیا کی سب سے قدیم یادگار تھی لیکن اس کی ایک ایک یادگار کو نمایاں تر کیا گیا۔

فیہ ایت بیت مقام ابرھیم(97:3)

اس میں بہت سی کھلی ہوئی نشانیاں ہیں۔ منجملہ ان کے ایک نشانی حضرت ابراہیم علیہ السلام کے کھڑے ہونے کی جگہ ہے۔

لیکن جو لوگ خدا کی راہ میں ثابت قدم رہے ان کے نقش پا سجدہ گاہ خلق ہونے کے مستحق تھے۔ اس لیے حکم دیا گیا۔

واتخذو من مقام ابراھیم مصلی(185:2)

اور ابراہیم علیہ السلام کے کھڑے ہونے کی جگہ کو اپنا مصلی بنالو۔

مادی یادگاروں کی زیارت صرف سیر و تفریح کے لیے کی جاتی ہے۔ لیکن روحانی

یاد گاروں سے صرف دل کی آنکھیں ہی بصیرت حاصل کر سکتی ہیں۔ اس لیے ان کے ادب واحترام کو اتقاء کی دلیل قرار دیا گیا۔

ومن یعظم شعائر اللہ فانھا من تقویٰ القلوب (32:22)

اور جو لوگ خدا کی قائم کی ہوئی یادگاروں کی تعظیم کرتے ہیں تو یہ ان کے دلوں کی پرہیز گاری پر دلالت کرتی ہے۔

ومن یعظم حرمت اللہ فھو خیر لہ عند ربہ (30:22)

اور جو شخص خدا کی قرار دی ہوئی قابل ادب چیزوں کا احترام کرتا ہے تو خدا کے نزدیک اس کا نتیجہ اس کے حق میں بہتر ہوتا ہے۔ آنحضرت صلی اللہ علیہ والہ وسلم ان مقدس یادگاروں کے روحانی اثر و نفوذ کو دلوں مین جذب کرا دینا چاہتے تھے۔ اس لیے خاص طور پر لوگوں کو ان کی طرف متوجہ فرماتے رہتے تھے۔

ھذہ مشاعر ابیکم ابراہیم

خوب غور سے دیکھو اور بصیرت حاصل کرو کیوں کہ یہ تمہارے باپ حضرت ابراہیم علیہ السلام کی یاد گاریں ہیں۔

جب اسلام نے اس جدید النشاۃ قوم کے وجود کی تکمیل کر دی اور خانہ کعبہ کی ان مقدس یادگاروں کی روحانیت نے اسکی قومیت کے شیرازہ کو مستحکم کر دیا تو پھر ملت ابراہیمی کی فراموش کردہ روشنی دکھا دی گئی۔

فاتبعوا ملۃ ابراھیم حنیفا وما کان من المشرکین (95:3)

پس ابراہیم علیہ السلام کے طریقہ کی پیروی کرو جو صرف ایک خدا کے ہو رہے تھے۔

اب تمام عرب نے ایک خط مستقیم کو اپنا مرکز بنالیا اور قدیم خطوط منحنیہ حرف غلط

کی طرح مٹا دیے گئے۔ جب یہ سب کچھ ہو چکا تو اس کے بعد خدائے ابراہیم واسماعیل علیہما السلام کا سب سے بڑا احسان پورا پورا ہو گیا۔

الیوم اکملت لکم دینکم واتممت علیکم نعمتی ورضیت لکم الاسلام دینا (3:5)

آج میں نے تمہارے اس دین کو کامل کر دیا جس نے تم کو قومیت کے رشتے میں منسلک کر دیا ہے اور اپنے تمام احسانات تم پر پورے کر دیے اور تمہارے لیے صرف ایک دین اسلام ہی منتخب کیا۔

حواشی

البخاری شریف، کتاب المظالم والقصاص باب ھل نکسر الدنان التی فیھا الخمر 2478
کتاب التفسیر باب قولہ وقل جاء الحق وزھق الباطل 4725
البخاری کتاب المناسک باب لایطوف بالبیت عریان ولایحج مشرک 1622
سیرۃ ابن ہشام 2:603

※ ※ ※

حقیقت اسلام

سب سے پہلے اس امر پر غور کرنا چاہیے کہ اسلام کی وہ کون سی حقیقت تھی جو حضرت ابراہیم علیہ السلام کی زندگی پر طاری ہوئی اور جس کو قرآن حکیم نے امت مرحومہ کے لیے اسوہ حسنہ قرار دیا۔

اسلام کا مادہ سلم ہے جو باختلاف حرکات مختلف اشکال میں آکر مختلف معنی پیدا کرتا ہے۔ لیکن لغت کہتی ہے کہ "سلم" بفتحتین اور اسلام کے معنی کسی چیز کو سونپ دینے، اطاعت و انقیاد اور گردن جھکا دینے کے ہیں۔ اس سے تسلیم بمعنی سونپ دینے کے اور استلم (ای انقادو اطاع)، آتا ہے اور فی الحقیقت، لفظ اسلام، بھی انہی معنی پر مشتمل ہے۔ قرآن کریم میں ان معانی کے شواہد اس کثرت سے ملتے ہیں کہ ایک مختصر مضمون میں سب کا استقصاء ممکن نہیں۔ تاہم ایک دو آیتوں پر نظر ڈالیے تو یہ امر بالکل واضح ہو جاتا ہے مثلاً احکام طلاق کی آیات میں ایک موقعہ پر فرمایا۔

وان اردتم ان تسترضعوا اولادکم فلاجناح علیکم اذا سلمتم ما آتیتم بالعروف (233:2)

اگر تم چاہو کہ اپنے بچے کو کسی دایا سے دودھ پلواؤ تو اس میں بھی تم پر کچھ گناہ نہیں۔ بشرطیکہ دستور کے مطابق ان کی ماؤں کو جو دینا کیا تھا وہ ان کے حوالے کردو۔

اس آیت میں "سلمتم" حوالہ کر دینے کے معنی میں صاف ہے۔ اس طرح بمعنی اطاعت و انقیاد یعنی گردن نہادن کے معنی میں فرمایا ہے۔

ولہ اسلم من فی السموت والارض طوعا و کرھا (83:3)

اس آسمان وزمین میں کوئی نہیں جو چار وناچار دین الٰہی کا حکم بردار اور مطیع ومنقاد نہ ہو۔

قالت الاعراب امنا قل لم تومنو ولکن قولو آ اسلمنا(14:49)

اور یہ جو عرب کے دیہاتی کہتے ہیں کہ ہم ایمان لائے تو ان سے کہہ دو کہ تم ابھی ایمان نہیں لائے۔

کیونکہ وہ دل کے اعتقاد کامل کا نام ہے جو تمہیں نصیب نہیں۔ البتہ یوں کہو کہ ہم نے اس دین کو مان لیا۔ ہر شے کی اصل حقیقت وہی ہو سکتی ہے جو اس کے نام کے اندر موجود ہو۔ دین الٰہی کی حقیقت لفظ اسلام کے معنی میں پوشیدہ ہے۔ لفظ اسلام کے معنی اطاعت، انقیاد، گردن نہادن اور کسی چیز کے حوالہ کر دینے کے ہیں۔ پس اسلام کی حقیقت بھی یہی ہے کہ انسان اپنے پاس جو کچھ رکھتا ہے، خدا تعالیٰ کے حوالے کر دے۔ اس کی تمام قوتیں، اس کی تمام خواہشیں، اس کے تمام جذبات، اس کی تمام محبوبات غرضیکہ سر کے بالوں سے لے پاؤں کے انگوٹھے تک جو کچھ اس کے اندر ہے اور جو کچھ اپنے سے باہر رکھتا ہے، سب کچھ۔۔۔ ایک لینے والے کے سپرد کر دے۔ اور اپنے قوائے جسمانی و دماغی کے ساتھ خدا کے آگے جھک جائے اور ایک مرتبہ ہر طرف سے منقطع ہو کر اور اپنے تمام رشتوں کو توڑ کر اس طرح گردن رکھ دے کہ پھر کبھی نہ اٹھے۔ نفس کی حکومت سے باغی ہو جائے اور احکام الٰہی کا مطیع و منقاد۔ یہی وہ حقیقت اسلامی کا قانون فطری ہے جو تمام کائنات عالم میں جاری و ساری ہے۔ اس کی سلطنت سے زمین وآسمان کا ایک ذرہ بھی باہر نہیں۔ ہر شے جو اس حیات کدہ عالم میں وجود رکھتی ہے اپنے اعمال طبعی کے اندر اس حقیقت اسلامی کی ایک مجسم شہادت ہے۔ کون ہے جو اس کی اطاعت وانقیاد سے آزاد ہے اور اس کے سامنے سے اپنے جھکے ہوئے سر کو اٹھا سکتا ہے۔

اس نے کہا میں کبیر المتعال ہوں۔ پھر کون سی ہستی ہے جو اس کی کبریائی و جبروت کے آگے اپنے اندر اسلامی انقیاد کی ایک صدائے عجز نہیں رکھتی۔ زمین پر ہم چلتے ہیں اور آسمان کو ہم دیکھتے ہیں۔ لیکن کیا دونوں اس حقیقت اسلامی کی طرف داعی نہیں ہیں۔ زمین کو دیکھو جو اپنے گرد و غبار کے اندر ارواح نباتاتی کی ایک بہشت حیات ہے جس کے الوان جمال سے اس حیات کدہ اراضی کی ساری دل فریبی اور رونق ہے، جس کی غذا بخشی انسانی خون کے لیے سر چشمہ تولید ہے اور جو اپنے اندر، زندگیوں اور ہستیوں کا ایک خزانہ لازوال رکھتی ہے۔ کیا اس کی وسیع سطح حیات پرور پر ایک ایک ہستی بھی ہے جو اس حقیقت اسلامی کے قانون عام سے مستثنیٰ ہو؟ کیا اس کی کائنات نباتاتی کا ایک ذرہ خدائے اسلام کے قائم کئے ہوئے حدود و قوانین کا مسلم یعنی اطاعت شعار نہیں ہے۔

بیج جب زمین کے سپرد کیا جاتا ہے تو وہ فوراً لے لیتی ہے کیوں کہ اس کے بنانے والے نے اس کو ایسا ہی حکم دیا ہے۔ پھر اگر تم وقت سے پہلے واپس مانگو تو نہیں دے سکتی کیوں کہ اس کا سر خدا کے آگے جھکا ہوا ہے اور خدا نے ہر بات کے لیے ایک وقت مقرر کر دیا ہے۔ ولکل اجل کتاب (38:13) پس محال ہے کہ کوئی شے اس کی خلاف ورزی کرے اور حقیقت اسلامی کے قانون عام کی مجرم ہو۔

قانون الٰہی نے زمین کی قوت نامیہ کے ظہور کے لیے مختلف دور مقرر کر دیے ہیں اور ہر دور کے لیے وقت خاص لکھ دیا ہے۔ زمین کی درستگی کے بعد اس میں بیج ڈالا جاتا ہے۔ آفتاب کی تمازت اس کو حرارت پہنچاتی ہے۔ پانی کا بمقدار مناسب حصول اس کی نشو و نما کو زندگی کی تازگی بخشتا ہے۔ یہ تمام چیزیں ایک خاص تسویہ و تناسب کے ساتھ اس کو مطلوب ہیں۔ پھر بیج کے گلنے اور سڑنے، مٹی کے اجزائے نباتاتی کی آمیزش، کونپلوں کے پھوٹنے، ان کے بتدریج بلند ہونے اور اس کے بعد شاخوں کے

انشعاب اور پتوں اور پھولوں کی تولید وغیرہ۔ ان تمام مرحلوں سے اس بیج کا درجہ بدرجہ گذرنا ضروری ہے اور ہر زمانے کے لیے ایک حالت اور مدت مقرر کر دی گئی ہے۔ یہی تمام مختلف مراحل و منازل زمین کی پیداوار کے لیے ایک شریعت الہیہ ہیں جس کی اطاعت کائنات نباتات کی ہر روح پر فرض کر دی گئی ہے۔ پھر کیا ممکن ہے کہ زمین ایک لمحہ ایک منٹ کے لیے اور ایک مستثنے مثال میں بھی اس شریعت کے مسلم ہونے یعنی اس کی اطاعت سے انکار کر دے اور پھر اگر اس کی خلاف ورزی کی جائے تو کیا ممکن ہے کہ ایک دانہ بھی بار اور اور ایک پھول بھی شگفتہ ہو۔

ایک درخت ہے جو پانچ سال کے اندر پھل لاتا ہے۔ پھر تم کتنی ہی کوشش کرو۔ وہ پانچ ماہ کے اندر کبھی پھل نہیں دے گا۔ ایک پھول ہے جس کے پودے کو زیادہ مقدار میں حرارت مطلوب ہے پھر یہ محال ہے کہ وہ سائے میں زندہ رہ سکے۔ کیوں! اس لیے کہ پانچ سال کے اندر اس کا حد بلوغ کو پہنچنا اور دھوپ کی تیزی میں اس کا نشو و نما پانا۔ شریعت الہٰی نے مقرر کر دیا ہے۔ پس وہ مسلم ہے اور حقیقت اسلامی کا قانون عام اس کو سرکشی و خلاف ورزی کا سر اٹھانے کی اجازت نہیں دیتا۔

ولہ من فی السموت والارض کل لہ قنتون (26:30)

اور جو کچھ آسمان میں ہے اور جو کچھ زمین میں ہے سب اسی کا ہے اور سب اس کے حکم کے تابع اور منقاد ہیں۔

پس فی الحقیقت زمین کے عالم نظم و تدبیر میں جو کچھ ہے حقیقت اسلامی کا ظہور ہے۔

وفی الارض ایت للموقنین (20:51)

اور زمین میں ارباب یقین کے لیے خدا کی ہزاروں نشانیاں بھری پڑی ہیں۔ یہ

سربفلک پہاڑوں کی چوٹیاں جو اپنے عظیم الشان قامتوں کے اندر خلعت کائنات کی سب سے بڑی عظمت رکھتی ہیں۔ یہ شیریں اور حیات بخش دریا جو کسی مخفی تعلیم کے نقشے کے مطابق زمین کے اندر گاہ مستقیم اور گاہ پر پیچ و خم، راہ پیدا کرتے رہتے ہیں۔ یہ خوفناک وقہار سمندر جس کی بے کنار سطح مہیب کے نیچے طرح طرح کے دریائی حیوانات کی بے شمار اقلیمیں آباد ہیں، غور کیجئے کہ کیا سلطان اسلام کی حکومت سے باہر ہیں۔ پہاڑوں کی چوٹیوں کے سر گو بلند ہیں، مگر اطاعت کے پابند اور اسلام شعارانہ سر جھکے ہوئے ہیں۔ زمین کا جو گوشہ اور سمندر کا جو کنارہ ان کو دے دیا گیا ہے، ممکن نہیں کہ وہ ایک انچ بھی اس سے باہر قدم رکھ سکیں۔ ان کے ارتقائے جسمانی کے لیے جو غیر محسوس رفتار نمو شریعت الٰہیہ نے مقرر کر دی ہے، محال ہے کہ اس سے زیادہ آگے بڑھ سکیں ورنہ انقلابات طبعیہ کا حکم الٰہی ان کو ریزہ ریزہ کر دے گا۔ پھر وہ اپنی جگہ سے ہل نہیں سکتے۔ اسی طرح دریاؤں اور سمندروں کی طرف کان لگایئے کہ ان کی زبان حال اسی حقیقت اسلامی کی کیسی شہادت دے رہی ہے۔ آپ نے سمندروں کو طوفانوں اور موجوں کی صورت میں دیکھا ہے کہ پانی کی سرکشیاں کیسی شدید ہوتی ہیں۔ لیکن سرکش اور مغرور دیو پر جب حقیقت اسلامی کی اطاعت و انقیاد کا قانون نافذ ہوا تو اس عجز و تذلل کے ساتھ اس کا سر جھک گیا کہ ایک طرف میٹھے پانی کا دریا بہہ رہا ہے اور دوسری طرف کھارے پانی کا بحر زخار ہے۔ دونوں اس طرح ملے ہوئے ہیں کہ کوئی شے ان میں حائل نہیں مگر نہ دریا کی مجال ہے کہ سمندر کی سرحد میں قدم رکھے اور نہ سمندر باہمہ قوت و قہار یہ جرأت رکھتا ہے کہ اپنی سرکشی موجوں سے اس پر حملہ کرے۔

مرج البحرین یلتقین۔ بینھما برزخ لا یبغین۔ فبای الاء ربکما تکذبین(55:21-19:)

اس نے کھارے اور میٹھے پانی کے دو سمندروں کو جاری کیا کہ دونوں کے درمیان پردہ حائل ہے اور وہ بھی ایک دوسرے سے مل نہیں سکتے۔ کیوں کہ دونوں کے درمیان اس نے حد فاصل قائم کر دی ہے۔

دوسری جگہ فرمایا ہے۔

وھوالذی مرج البحرین ھذا عذب فرات وھذا ملح اجاج و جعل بینھما برزخا وحجراً محجورا۔(53:25)

اور وہی قادر مطلق ہے جس نے دو دریاؤں کو آپس میں ملا دیا۔ ایک کا پانی شیریں و خوش ذائقہ اور ایک کا کھارا کڑوا اور پھر دونوں کے درمیان ایک ایسی حد فاصل اور لاگ رکھ دی کہ دونوں باوجود ملنے کے بالکل الگ رہتے ہیں۔

اب ذرا نظر اوپر اٹھاؤ اور ملکوت السموات کے ان اجرام عظیمہ کو دیکھو جن کے مرئیات عریضہ سے یہ سطح نیلگوں ہے۔ یہ ادراک انسانی کا سب سے بڑا منظر تحیر ہے۔ یہ عظیم الشان قیرمان تجلی جو روز ہمارے سروں پر چمکتا ہے، جس کی فیضان بخشی حیات تمیز قرب و بعد سے ماوراء ہے، جس کا جذب و انجذاب کائنات عالم انسانی کے لیے تنہا وسیلہ تنویر ہے اور جس کا قہر حرارت کسی تجلی گاہ حقیقی کا سب سے بڑا عکس و ظلال ہے۔ غور کرو تو اپنے اندر حقیقت اسلامی کی کئی مؤثر شہادتیں رکھتا ہے۔ اور جس کی جبروت و عظمت کے آگے تمام کائنات عالم کا سر جھکا ہوا ہے، کیسے مسلم شعارانہ، انکسار کے ساتھ فاطر السموات کے آگے سر بسجود کہ ایک لمحے اور ایک عشیر دقیقے کے لیے بھی اپنے اعمال و افعال کے لیے مقرر کردہ حدود سے باہر قدم نہیں رکھ سکتا۔

تبرک الذی جعل فی السماء بروجا وجعل فیھا سرجا وقمرا منیرا۔(61:25)

کیا مبارک ہے ذات قدوس اس کی جس نے آسمان میں گردش سیارات کے دائرے

بنائے اور اس میں آفتاب کی مشعل روشن کر دی نیز روشن و منور چاند بنایا۔

پھر اسی طرح اور تمام اجرام سماویہ کو دیکھو اور ان کے افعال و خواص کا مطالعہ کرو۔ ان کے طلوع و غروب، ایاب و ذہاب، حرکت و رجعت، جذب و انجذاب، اثر و تاثر اور فعل و انفعال کے لیے جو قوانین رب السموات نے مقرر کر دیے ہیں، کس طرح ان کی اطاعت و انقیاد کی زنجیروں میں جکڑے ہوئے ہیں۔ یہی قوانین ہیں جن کو قرآن حکیم حدود اللہ کے لفظ سے تعبیر کرتا ہے اور یہی دین ہے جو تمام نظام کائنات کے لیے المنزلہ مرکز قیام و حیات ہے۔ عالم ارضی و سماوی کی کوئی مخلوق نہیں جو اس دین الٰہی کی پیرو نہ ہو اور آفتاب سے لے کر خاک کے ذرے تک کوئی نہیں جو اس کی اطاعت سے انکار کرے۔

الشمس والقمر بحسبان۔ النجم والشجر یسجدن۔ والسماء رفعھاو وضع المیزان۔ الا تطغوا فی المیزان۔ (8:55-5)

اس کے حکم سے سورج اور چاند ایک حساب معین پر گردش میں ہیں اور تمام عالم نباتات کے سر اس کے آگے جھکے ہوئے ہیں اور اسی نے آسمان کو بلندی قرار دیا اور (قانون الٰہی) کا میزان بتایا تاکہ تم لوگ اندازہ کرنے میں حد اعتدال سے متجاوز نہ ہو۔

پس نظام شمسی میں جس قدر نظم و تدبیر ہے۔ سب اسی حقیقت اسلامی کا ظہور ہے۔ حقیقت اسلامی کی اطاعت و انقیاد نے ہر مخلوق کو اپنے اپنے دائرہ عمل میں محدود کر دیا ہے اور ہر وجود سر جھکائے ہوئے اپنے اپنے فرض کے انجام دینے میں مشغول ہے، اگر زمین اپنے محور پر حرکت کرتی ہوئی اپنے دائرہ کا چکر لگاتی ہے، اگر آفتاب کی کشش اس کو ایک بال برابر بھی ادھر ادھر نہیں ہونے دیتی، اگر ہر ستارہ اپنے اپنے دائرہ حرکت کے اندر ہی محدود ہے، اگر تم ستاروں کی باہمی جذب محیط ہمیشہ اس تسویہ و میزان کے ساتھ قائم

رہتی ہے کہ عظیم الشان قوتوں کے یہ پہاڑ آپس میں نہیں ٹکراتے۔ اگر ان کی حرکت وسیر کی مقدار اور اوقات مقررہ میں طلوع و غروب ایک ایسا ناممکن التبدیل قانون ہے جس میں کبھی کمی بیشی نہیں ہوئی اور اگر

لا الشمس ینبغی لھا ان تدرک القمرولا الیل سابق النھاروکل فی فلک یسبحون(40:36)

نہ تو آفتاب کے اختیار میں ہے کہ چاند کو جالے اور نہ رات کے بس میں ہے کہ دن سے پہلے ظاہر ہو جائے اور تمام اجرام سماویہ اپنے اپنے دائروں کے اندر ہی گھوم رہے ہیں۔

توپھر اس کے کیا معنی ہیں؟ کیا یہ اعمال کائنات اس امر کی شہادت نہیں ہیں کہ دنیا میں اصل قوت صرف اسلام ہی کی قوت ہے اور اس عالم کا وجود صرف اسی لیے زندہ ہے کہ حقیقت اسلامی اس پر طاری ہو چکی ہے ورنہ اگر ایک لمحہ کے لیے بھی اس حقیقت کی حکومت دنیا سے اٹھ جائے تو تمام نظام عالم درہم برہم ہو جائے؟

افغیر دین اللہ یبغون ولہ اسلم من فی السموت والارض طوعاوکرھاوالیہ یرجعون۔(83:3)

کیا یہ دین الٰہی کو چھوڑ کر کسی اور کے آگے سر جھکانا چاہتے ہیں حالانکہ آسمان اور زمین میں کوئی نہیں جو اس دین الٰہی کا مسلم یعنی مطیع و منقاد نہ ہو اور آسمان و زمین پر کیا موقوف ہے کوئی اگر خود اپنے اندر بھی دیکھے تو جسم انسانی کا کونسا حصہ ہے جس پر حقیقت اسلام طاری نہیں۔ خود آپ کو تو اس کے آگے جھکنے سے انکار ہے۔ لیکن اس کی خبر نہیں کہ آپ کے اندر جو کچھ ہے، اس کا ایک ایک ذرہ کس کے آگے سر بسجود ہے۔

دل کے لیے یہ شریعت مسترد کر دی گئی کہ اپنے قبض وبسط سے جسم کے تمام

حصول میں خون کی گردش جاری رکھے کہ اس کا اضطراب و التہاب ہی روح کے سکون حیات کا ذریعہ ہے۔ نیز حرکت کی ایک مقدار مقرر کر دی ہے اور خون کے دخل و خروج کے لیے ایک پیمانہ اعتدال بنا دیا۔ پھر ذرا اپنے بائیں پہلو پر ہاتھ رکھ کر دیکھئے کہ اس عجیب و غریب گوشت نے کس استغراق و محویت کے ساتھ حقیقت اسلامی کے سامنے سر جھکایا ہوا ہے کہ ایک لمحہ کے لیے بھی اس سے غافل نہیں؟ اور اگر ایک چشم زون کے لیے بھی سرکشی کا سر اٹھائے تو نظام حیات بدنی کا کیا حال ہو۔ اس طرح کارخانہ جسم کے ایک ایک پرزے کے تشریحی فرائض پر نظر ڈالئے اور دیکھئے کہ آپ کے اندر سر سے پاؤں تک جس قدر زندگی ہے، اسی حقیقت اسلامی ہی کے نظام سے ہے؟ آنکھوں کا۔۔ ارتسام وانعکاس، کانوں کی قوت سامعہ، معدے کا فعل انہضام اور سب سے بڑھ کر طلسم سرائے دماغ کے عجائب و غرائب سب اسی لیے کام دے رہے ہیں کہ مسلم ہیں اور حقیقت اسلامی کے اطاعت شعار۔ آپ کے جسم کی رگوں میں جو خون دوڑ رہا ہے، کبھی آپ نے یہ بھی سوچا کہ کس کے حکم سطوت و جبروت ہے جو اس رہ نورد لیل و نہار کو دوڑا رہی ہے۔

وفی انفسکم افلا تبصرون۔(21:51)

اور اگر باہر کی طرف سے تمہاری آنکھیں بند ہیں تو اپنے نفس کے اندر بھی نہیں دیکھتے۔

اور یہی اشارہ ہے جو اس آیت کریمہ میں کیا گیا ہے کہ:

سنریھم ایتنافی الافاق وفی انفسھم حتی یتبین لھم انہ الحق۔(53:41)

ہم اپنی نشانیاں عالم کائنات کے مختلف اطراف و جوانب میں بھی دکھلائیں گے۔ اور انسان کے اندر بھی، یہاں تک کہ ان پر ظاہر ہو جائے گا کہ دین الٰہی برحق ہے۔

اور یہی حقیقت اسلامی کی وہ اطاعت شعاری ہے جس کو لسان الٰہی نے عالم کائنات کی تسبیح و تقدیس سے تعبیر کیا ہے کیوں کہ فی الحقیقت اس عالم کا ہر وجود اپنے فنائے اسلامی کی زبان حال سے اس سبوح وقدوس کی عبادت میں مشغول ہے۔

تسبح لہ السموت السبع والارض ومن فیھن وان من شیء الا یسبح بحمدہ ولکن لا تفقھون تسبیحھم انہ کان حلیما غفورا۔(44:17)

تمام آسمان اور تمام زمینیں اور جو کچھ ان کے اندر ہے۔ سب کے سب اسی خدا کی تسبیح و تقدیس میں مشغول ہیں اور کائنات میں کوئی چیز نہیں جو زبان اطاعت سے اس کی حمد و ثنا اور تسبیح و تقدیس نہ کرتی ہو مگر تم ان کی اس آواز کو نہیں سمجھتے اور اس پر غور نہیں کرتے۔

اور یہی وہ عہد و میثاق عبودیت تھا جس کا اقرار صبحت ازل کے ہر جرعہ نوش جام "بلے" سے لیا گیا اور حقیقت اسلامی کی محویت اول نے سب کی زبان سے بے اختیارانہ انقیاد کرالیا۔

واذاخذ ربک من بنی ادم من ظھورھم ذریتھم واشھدھم علی انفسھم الست بربکم قالوا بلے(172:7)

اور وہ وقت یاد کرو جب تمہارے پروردگار نے بنی آدم سے اس کی ذریت کو(بصورت تعین اولی) نکالا اور ان کے مقابلے میں خود انہی سے شہادت دلوادی۔ اس طرح کہ ان سے پوچھا: کیا میں آمر و حاکم اور رب الارباب نہیں ہوں۔ سب سے اطاعت ہے اور اسی حقیقت اسلامی کے سر جھکانے کا نتیجہ وہ سربلندی ہے جو انسان کو تمام مخلوق ارضیہ میں حاصل ہے اور جس کی وجہ سے وہ اللہ کے آگے جھکے ہوئے تھے، حکم دیا کہ اسی کے آگے تم بھی جھک جاؤ کہ من تواضع رفعہ اللہ۔

ولقد کرمنا بنی ادم و حملنھم فی البر والبحر ورزقنھم من الطیب(70:17)

اور ہم نے شرف کرامت عطا فرمایا، نسل انسانی کو اور تمام خشکی و تری کی چیزوں کو حکم دیا کہ وہ اس کے مطیع ہو جائیں اور اس کو اٹھائیں اور اس کے لیے دنیا میں بہترین اشیاء پیدا کریں۔

کائنات کی ہر مخلوق نے اس حکم کی تعمیل کی کیوں کہ ان کے سر تو اس کے آگے جھکے ہوئے تھے پر ایک شریر ہستی تھی جس نے غرور تکبر کے ساتھ سر اٹھایا اور انسان کی اطاعت سے انکار کر دیا۔

واذ قلنا للملئکۃ اسجدوا لادم فسجدوا الا ابلیس ابی واستکبر وکان من الکفرین(34:2) اور جب تمہارے پروردگار نے ملائکہ کو حکم دیا کہ آدم کے آگے اطاعت کے سر جھکا دو تو سب جھک گئے مگر ایک ابلیس تھا جس نے انکار کیا اور تکبر اور غرور کا سر اٹھایا اور وہ یقیناً کافروں میں سے تھا۔

وکان من الکافرین کیونکہ اسلام کے معنی جھکنے کے ہیں انکار پھر نام ہے سرکشی کا۔ ابلیس نے جھکنے سے انکار کیا اور سرکشی کا سر اٹھایا۔ پس وہ ضرور کافروں میں سے تھا۔

یہی ایک شریر طاقت ہے جو تمام سرکشیوں اور ہر طرح کے ظلم و طغیان کا عالم میں مبدء ہے۔ یہی وہ تاریکی کا اہرمن ہے جو یزدانی نور و ضیا کے مقابلے میں اپنے تئیں پیش کرتا ہے اور یہی وہ سراپا ضلالت ہے جو انسان کے پاؤں میں اپنی اطاعت کی زنجیریں ڈال کر اس کو اسلامی اطاعت سے باز رکھتا ہے۔ یہی وہ ابو الکفر ہے جس کی ذریت انسان کے اندر اور باہر، دونوں طرفوں میں پھیلی ہوئی ہے اور جب چاہتا ہے انسان کے حجرائے دم کے اندر پہنچ کر اپنی ضلالت کے لیے راہ پیدا کر لیتا ہے اور یہی وہ اسلام کی حقیقت کی اصل ضد اور اس کی قوت ہدایت کا قدیمی دشمن ہے جس نے اپنے کفر کے پہلے دن کہہ دیا

ہے کہ:-

قال ارءیتک ھذا الذی کرمت علی لئن اخرتن الی یوم القیمۃ لاحتنکن ذریتہ الاقلیلا(62:17)

شیطان نے آدم کی طرف اشارہ کر کے کہا یہی ہے جس کو تو نے مجھ سے فوقیت دی ہے لیکن تو مجھ کو روز قیامت تک مہلت دے تو میں اپنی قوت ضلالت سے اس کی تمام نسل کو تباہ کر دوں۔ البتہ وہ تھوڑے سے لوگ جن پر میرا جادو نہ چلے گا میری حکومت سے باہر رہ جائیں گے۔ لیکن خدا تعالیٰ نے یہ کہہ کر جھڑک دیا کہ:-

اذھب فمن تبعک منھم فان جھنم جزآؤکم جزآء موفورا۔واستفزز من استطعت منھم بصوتک واجلب علیھم بخیلک ورجلک وشارکھم فی الاموال والاولاد وعدھم ومایعدھم الشیطن الاغرورا۔(64:63:17)

جا، دور ہو۔ جو شخص نسل آدم میں سے تیری متابعت کرے گا، اس کے لیے عذاب جہنم کی پوری سزا ہو گی۔ ان میں سے جن جن کو تو اپنی پر فریب صداؤں سے بہکا سکتا ہے !بہکالے، ان پر اپنی فوج کے سواروں اور پیادوں سے چڑھائی کر دے۔ ان کی مال و دولت اور اولاد و فرزند میں شریک ہو کر اپنا ایک حصہ لگالے اور ان سے جتنے جھوٹے وعدے کر سکتا ہے، کر لے۔ شیطان کے وعدہ محض دھوکے اور فریب سے زیادہ نہیں ہیں، پھر یہی ہے جس کو خواہ تم اپنے سے خارج سمجھو یا خود اپنے اندر تلاش کرو، اس کے حکم، ضلالت کے احکام دونوں جگہ جاری ہیں۔ وہ کبھی تمہاری رگوں کے اندر کے خون میں اپنی ذریات کو اتار دیتا ہے تا کہ تم پر اندر سے حملہ کرے، کبھی باہر سے آکر تمہارے دماغ اور حواس پر قابض ہو جاتا ہے تا کہ تم کو اپنے آگے جھکا کر خدا کے آگے جھکنے سے باز رکھے۔ وہ کبھی تمہارے مال و متاع میں، کبھی محبت اہل و عیال میں اور کبھی عام محبوبات و مرغوبات

دنیویہ میں شریک ہو جاتا ہے اور اسی طرح تمہاری ہر شے خدا کی جگہ اس کے لیے ہو جاتی ہے، تم چلتے ہو تو اس کے لیے، کھاتے ہو تو اس کے لیے اور پہنتے ہو تو اس کے لیے حالانکہ حقیقت اسلامی چاہتی ہے کہ تم جو کچھ کرو خدا کے لیے کرو۔

ہر تاریکی جو روشنی کو چھپانا چاہتی ہے، ہر سیاہی جو سفیدی کے مقابلے میں ہے ہر تمرد و سرکشی جو اطاعت الٰہی کی ضد ہے اور ہر وہ سرکشی جو حقیقت اسلامی سے خالی ہے، یقین کرو کہ شیطان ہے اور دنیا کی لذت اور ہر راحت جس کا انہماک اس درجہ میں پہنچ جائے کہ وہ حقیقت اسلامی کی انقیاد پر غالب آجائے، شیطان کی ذریت میں داخل ہے۔ پس اس کے وجود کی نسبت کیوں سوچتے ہو کہ وہ کیا ہے اور کہاں ہے! اس کو دیکھو کہ وہ تمہارے ساتھ کر کیا رہا ہے۔ مسیح علیہ السلام نے کہا ہے کہ نوکر دو آقاؤں کو خوش نہیں کر سکتا اور قرآن کریم کہتا ہے۔

ما جعل اللہ لرجل من قلبین فی جوفہ (4:33)

اللہ نے کسی انسان کے پہلو میں دو دل نہیں رکھے بلکہ دل ایک ہی ہے۔

پس ایک دل کے سر بھی دو چوکھٹوں پر نہیں جھک سکتے اور دنیا میں دل ہی ایک ایسا جوہر ہے جس کی تقسیم نہیں ہو سکتی۔ قوت شیطانی کا مطیع و منقاد ہو گا یا وہ قوت رحمانی کا، وہ شیطان کا عبادت گذار ہو گا یا خدائے رحمان کا۔ اور عبادت و پرستش سے مقصود یہی نہیں ہے کہ پتھر کا ایک بت تراش کر اس کے آگے سر بسجود ہو۔ یہ تو وہ ادنی شرک ہے جسسے قریش مکہ کا خیال بھی بلند تھا۔ بلکہ ہر وہ انقیاد، ہر وہ سخت و شدید انہماک اور وہ استغراق و استیلاء جو حقیقت اسلامی کے انقیاد اور محبت الٰہی پر غالب آجائے اور تم اس طرح اپنی طرح کھینچ لے کہ جس کی طرف تمہیں کھینچا تھا اس کی طرف سے گردن موڑ لو تو در حقیقت وہی تمہاری پرستش و عبادت کا بت ہے اور تم اس کے بت پرست اور اصل و

حقیقی مشرک کے شریک یہی سبب ہے کہ حقیقت شناسان توحید نے فرمایا۔

من شغلک عن اللہ فھو صنمک و من والاک فھو مولاک۔ جس چیز نے تم کو اللہ سے الگ کر کے اپنی طرف متوجہ کر لیا، وہی تمہارے لیے بت ہے اور تم اس کے پوجنے والے ہو۔۔۔ خواہ وہ جنت کی ہوس اور حور و قصور کا شوق ہی کیوں نہ ہو۔

رابعہ بصریہ سے جب پوچھا کہ: ما الشرک؟ شرک کی حقیقت کیا ہے؟ تو اس نے کہا کہ طلب الجنۃ و اعراض من ربھا۔ جنت کی طلب کرنا اور مالک جنت کی طرف غافل ہو جانا۔ یہی سبب ہے کہ قرآن کریم نے ہوائے نفس کو معبود و الہ کے لفظ سے تعبیر کیا ہے۔

ارءیت من اتخذ الھہ ھوبہ (43:25)

آیا تم اس گمراہ کو نہیں دیکھتے جس نے اپنے ہوائے نفس کو معبود بنالیا۔ اور کس قدر میرے مطلب کو واضح تر کر دیتی ہے، سورۃ یاسین کی وہ آیت جس میں فرمایا:

الم اعھد الیکم یبنی ادم ان لا تعبد و الشیطن انہ لکم عدو مبین۔ وان اعبدونی ھذا صراط مستقیم (61:60:36)

کیا ہم نے تم سے اے اولاد آدم اس کا عہد نہیں لیا تھا کہ شیطان کی پوجا سے باز رہو کیوں کہ وہ تمہارا ایک دشمن ہے اور صرف ہماری ہی عبادت کرو کہ یہی ہدایت کی راہ ہے۔

یہاں شیطان کی اطاعت کو بندگی اور عبادت کے لفظ سے تعبیر کیا اور عبادت الٰہی کے اس عہد و میثاق کو یاد دلایا۔ یعنی الست بربکم کے سوال کا جواب جو تمام بنی آدم سے لیا جا چکا ہے۔ پس حقیقت اسلامی یہ چاہتی ہے کہ انسان قوت شیطانی سے باغی ہو کر صرف خدا تعالیٰ کا ہو جائے اور اس کے آگے سر انقیاد جھکا کر اپنے میثاق بلٰے کی تجدید کرے تا کہ

وہ اللہ کا بندہ ہو اور اللہ کا بندہ وہی ہے جو شیطان کا مطیع نہیں ہے۔ ان عبادی لیس لک علیھم سلطن الا من اتبعک من الغوین(42:15)

خدا تعالیٰ نے شیطان سے کہا کہ جو میرے بندے ہیں ان پر تیری حکومت نہیں چلے گی اور خدا اپنے بندوں کی کارسازی کے لیے بس کرتا ہے۔

یہاں ان بندگان مخلصین کو جو شیطان کے اثر و استیلاء سے محفوظ ہوں خدا نے اپنی طرف نسبت دی یعنی ان عبادی جو لوگ میرے بندے ہیں۔ حالانکہ کون ہے جو اس کا بندہ نہیں ہے۔ مگر مقصود یہ تھا کہ میرے بندے تو وہی ہیں جو صرف میرے لیے ہیں، لیکن جنہوں نے میرے آگے سر کو جھکا دیا پھر اپنے سر کو دوسری چوکھٹوں پر بھی جھکا دیا تو دراصل انہوں نے بندگی کا رشتہ کاٹ دیا۔ گو وہ میرے تھے لیکن اب میرے باقی نہیں رہے، کیونکہ انہوں نے توحید محبت کو شرکت غیر سے محفوظ نہیں رکھا۔ افسوس کہ یہ موقعہ اس بیان تشریح و تفصیل کا مقتضی نہیں اور مطالب اصل منتظر رجوع!

پس لفظ اسلام کے معنی کسی چیز کے حوالہ کر دینا، اپنا آپ دے دینا اور گردن رکھ دینے کے ہیں اور یہی حقیقت دین اسلام کی ہے کہ انسان اس رب الارباب کے آگے اپنی گردن رکھ دے اور اس انقطاع کامل اور انقیاد حقیقی کے ساتھ گویا اس نے اپنی گردن اس کے سپرد کر دی اور کوئی حق و ملکیت اور مطالبہ اس کا باقی نہیں رہا۔ اب وہ اپنی کسی شے کا خواہ وہ اس کے اندر ہو یا باہر، مالک نہیں رہا۔ بلکہ ہر شے قدرت الھیہ کی ہو گئی بس اسی کا نام اسلام ہے۔

انسان کے اندر اور انسان کے باہر سینکڑوں مطالبات ہیں جو اس کو اپنی طرف کھینچ رہے ہیں۔ اس کے اندر سب سے بڑے مظہر ابلیس یعنی نفس کی قوت قاہرہ کا دست طلب بڑھا ہوا ہے اور ہر دم اور ہر لمحے اس کی ہر شے کو اس سے مانگ رہا ہے تا کہ اس کو

خدا کی جگہ اپنا لے۔ باہر دیکھتا ہے تو محبوبات دنیوی اور ممالک حیات کے دام قدم قدم پر بچھے ہوئے ہیں اور جس طرف وہ جاتا ہے اس سے اس کا قلب و دماغ مانگا جاتا ہے تاکہ اسے خدا سے چھین لیں۔ جذبات اور خواہشات کے بے اعتدلانہ اقدامات کی فواجوں نے اس کے دماغ کا محاصرہ کر لیا ہے۔ اور آزمائشوں اور امتحانوں کی کثرت سے اس کا ضمیر اور دل ایک دائمی شکست سے مجبور ہے۔ اہل و عیال، عزت و جاہ، مال و دولت کے قناطیر مقنطرہ اور تمام وہ چیزیں جن کو قرآن زینت حیات سے تعبیر کرتا ہے اس کے کمزور دل کے لیے اپنے اندر ایک ایسا پر کشش سوال رکھتی ہیں جس کو رد کرنا اس کے لیے سب سے بڑی آزمائش ہو جاتا ہے۔

زین للناس حب الشھوت من النساء والبنین والقناطیر المقنطرۃ من الذھب والفضۃ والخیل المسومۃ والانعام والحرث۔ (14:3)

انسان کی حالت اس طرح کی واقع ہوئی ہے کہ اس کے لیے دنیا کی ہر مرغوب شے مثلاً اہل و عیال، سونے چاندی کے ڈھیر، عمدہ گھوڑے، مویشی اور کاشت کاری کے لیے بڑی وابستگی ہے۔

پس انقیاد اسلامی کے معنی یہ ہیں کہ انسان اپنی جنس دل و جان کے بہت سے خریدار نہ بنائے بلکہ ایک ہی خریدار سے معاملہ کرے۔ وہ ان مانگنے والوں سے جن کے ہاتھ اس کی طرف بڑھے ہوئے ہیں اپنے تیئں بچائے اور اس ایک ہاتھ کو دیکھے جو باوجود اس کے طرح طرح کی بے وفائیوں کے پھر بھی وفائے محبت کے ساتھ اس کی طرف بڑھا ہوا ہے اور گو کہ اس نے اپنے متاع دل و جان کو کتنا ہی ناقص اور خراب کر دیا ہو، لیکن پھر بھی بہتر سے بہتر قیمت دے کر خریدنے کے لیے موجود ہے اور صدائے محبت، من تقرب الی شبر اتقربت الیہ ذراعا۔ سے ہر آن اور ہر لمحہ عشق نواز ہے جو خواہ انسان کتنی ہی پیمان

شکنیاں کرے لیکن وہ اپنا عہد محبت آخر تک نہیں توڑتا کہ:

یاابن آدم لوکان ذنبک عنان السماء ثم استغفری لاغفرن لک

اور جس کی وفائے محبت کا یہ حال ہے کہ خواہ تم تمام عمر اسے کتنا ہی روٹھا ہوا رکھو لیکن اگر انابت و اضطرار کا ایک آنسو بھی سفارش کے لیے ساتھ لے جاؤ تو وہ پھر بھی سننے کے لیے تیار ہے اور جس کے دروازے سے خواہ تم کتنا ہی بھاگو لیکن پھر اگر شوق کا ایک قدم بڑھاؤ تو وہ دو قدم بڑھ کر تمہیں لینے کے لیے منتظر ہے۔

عاشقاں ہرچند مشتاق جمال دلبر اند

دلبراں بر عاشقاں از عاشقاں عاشق تر اند

جس کا دروازہ قبولیت کبھی بند نہیں اور جس کے یہاں مایوسی سے بڑھ کر اور کوئی جرم نہیں۔

قل یعبادی الذین اسرفوا علی انفسھم لاتقنطوا من رحمۃ اللہ ان اللہ یغفر الذنوب جمیعا انہ ھوالغفورالرحیم (53:39)

اے وہ میرے بندہ کہ گناہوں میں ڈوب کر تم نے اپنے نفوس پر سخت زیادتیاں کی ہیں خواہ تم کیسے ہی غرق مصیبت ہو، مگر پھر بھی اس محبت فرما کی رحمت سے ناامید نہ ہو۔ یقیناً وہ تمہارے گناہوں کو معاف کر دے گا۔ بے شک وہی درگذر کرنے والا ہے اور اس کی بخشش رحم عام ہے۔

*

باگناہگاراں بگوئم تانیند از ندل

من وفائے دوست رادر بے وفائی یافتم

اب اس قدر توطیہ و تمہید کے بعد قرآن کریم کی طرف رجوع کرو کہ وہ اس

حقیقت اسلامی کو بار بار دہراتا ہے یا نہیں ؟اول تو خود لفظ اسلام ہی اس حقیقت کے وضوح کے لیے کافی ہے لیکن اگر کافی نہ ہو تو جس قدر کہہ چکا ہوں، اس سے زیادہ کہنے کے لیے ابھی باقی ہے۔ قرآن کریم میں جہاں کہیں بھی اسلام کا لفظ آیا ہے، غور کیجئے تو اس حقیقت کے سوا اور کوئی معنی ثابت نہ ہوں گے۔

ومن یسلم وجہہ الی اللہ وھو محسن فقد استمسک بالعروۃ الوثقی(22:31)

اور جس نے اپنا منہ اللہ کی طرف جھکا دیا یا اپنی گردن اللہ کے حوالے کر دی، اور اعمال حسنہ انجام دیے تو بس دین الٰہی کی مضبوط رسی اس کے ہاتھ آگئی۔

ایک دوسری جگہ فرمایا ہے۔

ومن احسن دینا من اسلم وجہہ للہ وھو محسن(145:4)

اور اس شخص سے بہتر کس کا دین ہو سکتا ہے جس نے اللہ کے لیے اپنا سر جھکا دیا یا اللہ کے حوالے کر دیا اور اعمال حسنہ انجام دیے۔

سورت آل عمران کی ایک آیت میں جو اسلام کی حقیقت کی تفصیل و تشریح کے لیے ایک جامع ترین آیت ہے، اسلام کا ذکر کرتے ہوئے فرمایا۔

ان الذین عند اللہ الاسلام(19:3) دین اللہ کے یہاں صرف ایک ہی ہے اور وہ اسلام ہے۔ پھر اس کے بعد کہا۔

فان حاجوک فقل اسلمت وجھی للہ ومن اتبعن وقل للذین اوتوا الکتب والامیٖن ء اسلمتم فان اسلمو فقد اھتدو وان تولوا فانما علیک البلغ واللہ بصیر بالعباد(30:3)

اگر منکرین اس بارے میں تم سے حجت کریں تو کہہ دو کہ میں نے اور میرے پیروؤں نے تو صرف اللہ ہی کے آگے اپنا سر جھکا دیا ہے اور پھر یہود و نصاریٰ اور مشرکین عرب سے پوچھو کہ بھئی اس کے آگے جھکے یا نہیں۔ سو اگر وہ جھک گئے یعنی مسلم ہو گئے

توبس انہوں نے ہدایت پائی اور اگر انہوں نے گردنیں موڑ لیں تو وہ جانیں اور ان کا کام۔ تمہارا فرض تو حکم الٰہی پہنچا دینا تھا اور اللہ اپنے بندوں کو ہر حال میں دیکھ رہا ہے۔

اسی طرح دوسری جگہ فرمایا ہے۔

وامرت ان اسلم لرب العلمین (66:40)

اور مجھ کو حکم دیا گیا ہے کہ ہر طرف منہ پھیر کر اس کے آگے جھک جاؤ جو تمام جہانوں کا پروردگار ہے۔

یہی وجہ ہے کہ قرآن کریم میں ہر جگہ اسلام کے ساتھ منکرین اسلام کے لیے "ولی" "واعرض کا لفظ استعمال کیا گیا ہے۔ ولی عن الشینی کے معنی لغت میں اعراض کے ہیں جہاں تولی عنہ اور اعرض عنہ ہر جگہ پاؤ گے یعنی کسی چیز کی طرف سے منہ موڑ لینا اور گردن پھیر لینا۔

ایتناولی مستکبرا کان لم یسمعھا (7:31)

اور جب ان میں سے کسی منکر کو قرآن کی آیتیں سنائی جاتی ہیں تو۔۔ غرور سے اکڑ تا ہوا گردن پھیر کر چل دیتا ہے۔

اسی طرح اور سینکڑوں مقامات میں فرمایا۔

فان تولی افقل حسبی اللہ (129:9)

اگر وہ تیری طرف سے گردن پھیر لیں تو کہہ دے کہ مجھ کو خدا بس کرتا ہے۔

ولو علی ادبار ھم نفورا (46:17)

جب کفار کے آگے ذکر الٰہی کرو تو پیچھے کی طرف منہ موڑ کر نفرت کناں چل دیتے ہیں۔

چونکہ اسلام کی حقیقت اللہ کے آگے سر جھکا دینا اور اپنی گردن سپرد کر دینا ہے،

اس لیے اس سے انکار کو ہر جگہ "تولی" اور "واعرض" سے تعبیر کیا گیا ہے۔

کذلک یتم نعمتہ علیکم لعلکم تسلمون۔ فان تولو فانما علیک البلغ المبین (82:81:16)

اور اسی طرح اللہ اپنی نعمتیں تم پر پوری کرتا ہے تاکہ تم اس کے آگے جھکو اور اے پیغمبر اگر باوجود اس کے بھی لوگ گردن نہ جھکائیں تو تمہارا فرض تو صرف حکم الٰہی پہنچا دینا ہی ہے۔

پس یہی وہ اصل اسلام ہے جس کو قرآن جہاد فی سبیل اللہ سے تعبیر کرتا ہے اور کبھی اسلام کی جگہ جہاد اور کبھی جہاد کی جگہ اسلام، کبھی مسلم کی جگہ مجاہد اور کبھی مجاہد کی جگہ مسلم بولتا ہے۔ اس لیے کہ حقیقت جہاد، اپنا سب کچھ اس کے لیے قربان کر دینا ہے۔ ہر وہ کوشش و سعی جو اس کی خاطر ہو، وہ جہاد ہے۔ خواہ ایثار وہ جان کی سعی ہو یا قربانی مال و اولاد کی جدوجہد اور یہی حقیقت اسلام ہے کہ اپنا سب کچھ اس کے سپرد کر دیا جائے۔ پس جہاد اور اسلام ایک ہی حقیقت کے دو نام ہیں اور ایک ہی معنی کے دو مترادف الفاظ ہیں یعنی اسلام کے معنی جہاد ہیں اور جہاد کے معنی اسلام ہیں پس کوئی ہستی مسلم ہو نہیں سکتی جب تک کہ مجاہد نہ ہو اور کوئی مجاہد ہو نہیں سکتا جب تک مسلم نہ ہو۔ اسلام کی لذت اس بدبخت کے لیے حرام ہے جس کا ذوق ایمانی لذت جہاد سے محروم ہو اور زمین پر گو اس نے اپنا نام مسلم رکھا ہو لیکن اس کو کہہ دو کہ آسمانوں میں اس کا شمار کفر کے زمرے میں ہے۔ آج جب ایک دنیا لفظ جہاد کی دہشت سے کانپ رہی ہے جبکہ عالم مسیحی کی نظروں میں یہ لفظ عفریت مہیب یا ایک حربہ بے امان ہے، جبکہ اسلام کے مدعیان حویت نصف صدی سے کوشش کر رہے ہیں کہ کفر کی رضا کے لیے اہل اسلام کو مجبور کریں کہ وہ اس لفظ کو لغت سے نکال دیں جب کہ بظاہر انہوں نے کفر و اسلام کے درمیان ایک راضی نامہ لکھ دیا کہ اسلام لفظ جہاد کو بھلا چکا ہے۔ لہذا کفر اپنے توحش کو بھول

جائے۔ تاہم آج کل کے ملحد مسلمین اور مفسدین کا ایک حزب الشیطان بے چین ہے کہ بس چلے تو یورپ سے درجہ تقرب و عبودیت حاصل کرنے کے لیے "تحریف الکلم عن مواضعہ" کے بعد سرے سے اس لفظ کو قرآن سے نکال دے تو پھر یہ کہا ہے کہ میں جہاد کو صرف ایک رکن اسلامی، ایک فرض دینی، ایک حکم شریعت بتلاتا ہوں حالاں کہ میں تو صاف صاف کہتا ہوں کہ اسلام کی حقیقت ہی جہاد ہے، دونوں لازم و ملزوم ہیں۔ اسلام سے اگر جہاد کو الگ کر لیا جائے تو وہ ایک ایسا لفظ ہو گا جس میں معنی نہ ہوں۔ ایک اسم ہو گا جس کا مسمی نہ ہو، ایک قشر محض ہو گا جس سے مغز نکال لیا گیا ہے۔ پھر کیا میں ان اعمال مصلحین، مجاہدین کو غارت کرنا چاہتا ہوں جو انہوں نے تطبیق بین التوحید والتثلیت یا اسلام اور مسیحیت کے اتحاد کرنا چاہتا ہوں جو انہوں نے تطبیق بین التوحید والتثلیت یا اسلام اور مسیحیت کے اتحاد کے لیے انجام دی ہیں۔ وہ اصلاح جدید کی شاندار عمارتیں جو مغربی تہذیب وشائستگی کی ارض مقدس پر کھڑی کی گئی ہیں۔ کیا دعوت جہاد دے کر جنود مجاہدین کو بلاتا ہوں کہ اپنے گھوڑوں کے سموں سے انہیں پامال کر دیں اور چاہتا ہوں کہ اسلام کی زندگی کا افق جو حرارت حیات کی گرد سے پاک کر دیا گیا تھا، مجاہدین کی اڑائی ہوئی خاک سے پھر غبار آلود ہو جائے۔

ہاں !اے غارت گران حقیقت اسلامی اے دزدان متاع ایمانی! اور اے مفسدین ملت و مدعیان اصلاح! ہاں میں ایسا ہی چاہتا ہوں، میری آنکھیں ایسا ہی دیکھنا چاہتی ہیں، میرا دل ایسے ہی وقت کے لیے بے قرار ہے، خدائے ابراہیم و محمد علیہما السلام کی شریعت ایسا ہی چاہتی ہے۔ قرآن کریم اسی کو حقیقت اسلامی کہتا ہے۔ وہ اس اسوہ حسنہ کی طرف سے اپنے پیروؤں کو بلاتا ہے۔ اسلام کا اعتقاد اسی کے لیے ہے اور اس کی تمام عبادتیں اسی کے لیے ہیں، اس کے تمام جسم اعمالی کی روح میں یہی شئے ہے اور یہی چیز ہے

جس کی یاد کو اس نے ہمیشہ زندہ رکھنا چاہا اور عیدالاضحیٰ کو یوم جشن و مسرت بنایا۔

حواشی

1- مسلم: کتاب البر 49-45- ترمذی: 82
(حدیث کے اصل الفاظ یہ ہیں ماتواضع احد للہ الا رفعہ اللہ)
البخاری: کتاب التوحید 7536، مسلم: کتاب الزکر 20
ترمذی: الدعوات: 3549

***

وحدت اجتماعیہ

اس مقام کی مزید وضاحت کے لیے بہتر ہو گا کہ دو خاص اصطلاحی لفظوں کے معانی پر آپ پہلے غور کر لیں، ایک اجتماع اور ائتلاف ہے، دوسرا اشتات اور انتشار۔ نہ صرف امت اسلامیہ بلکہ اقوام عالم کی موت و حیات ترقی و تنزل اور سعادت و شقاوت کے جو اصولی اسباب و مراتب قرآن حکیم نے بیان کئے ہیں ان کی سب سے زیادہ اہم حقیقت انہی الفاظ میں پوشیدہ ہے۔

اجتماع کے معنی ہیں ضم الشئی یقرب بعضہ من بعض، یعنی مختلف چیزوں کا باہم اکٹھا ہو جانا اور ائتلاف، "ا" سے ہے اور اس کے معنی ہیں۔ جمع من اجزاء مختلفہ ورتب ترتیبا قدم فیہ ماحقہ ان یقدم واخر فیہ ماحقہ ان یوخر۔ یعنی مختلف چیزوں کا اس تناسب اور ترتیب کے ساتھ اکٹھا ہو جانا کہ جس چیز کو جس جگہ ہونا چاہیے وہی جگہ اسے ملے، جو پہلے ہونے کی حقدار ہے، وہ پہلے رہے جس کو آخری جگہ ملنی چاہیے، وہ آخری جگہ پائے، عید اجتماع و ائتلاف سے مقصود وہ حالت ہے جب مختلف کارکن قوتیں کسی ایک مقام، ایک مرکز، ایک سلسلے، ایک وجود، ایک طاقت اور ایک فرد واحد میں اپنی قدرتی اور مناسب ترکیب و ترتیب کے ساتھ اکٹھی ہو جاتی ہیں اور تمام مواد قومی اعمال اور افراد پر ایک اجتماعی وانضمامی دور طاری ہو جاتا ہے، بحدے کی ہر قوت اکٹھی، ہر عمل باہم دگر جڑا اور ملا ہوا ہو یعنی ہر چیز بندھی اور سمٹیہوئی، ہر فرد زنجیر کی کڑیوں کی طرح ایک دوسرے سے متحد و متصل ہو جاتا ہے، کسی چیز، کسی گوشے، کسی عمل میں علیحدگی نظر نہیں آتی، جدائی و

انتشار اور الگ الگ، جزء جزء، فرد فرد ہو کر رہنے والی حالت نہیں ہوتی، مادہ میں جب یہ اجتماع و انضمام پیدا ہو جاتا ہے تو اس سے تخلیق و تکوین اور وجود ہستی کے تمام مراتب ظہور میں آتے ہیں۔ اسی کو قرآن حکیم نے اپنی اصطلاح میں مرتبہ تخلیق و تسویہ سے بھی تعبیر کیا ہے۔ الذی خلق فسویٰ (2:27) پس زندگی اور وجود نہیں ہے مگر اجتماع و ائتلاف۔ اور موت و فنا نہیں ہے مگر اسکی ضد۔ یہی حالت جب افعال واعمال پر طاری ہوتی ہے تو اخلاق کی زبان میں اس کو خیر اور شریعت کی زبان میں عمل صالح اور حسنات کہتے ہیں، جب جسم انسانی پر طاری ہوتی ہے، تو طب کی اصطلاح میں تندرستی سے تعبیر کی جاتی ہے اور حکیم کہتا ہے کہ یہ زندگی ہے اور پھر یہی حالت ہے کہ جب قومی و جماعتی زندگی کی قوتوں اور عملوں پر طاری ہوتی ہے تو اس کا نام حیات قومی و اجتماعی قرار پاتا ہے اور اس کا ظہور قومی اقبال و ترقی اور نفوذ و تسلط کی شکل میں دنیا دیکھتی ہے۔ الفاظ بہت سے ہیں، معنی ایک ہے، مظاہر گو مختلف ہیں مگر اس حکیم یگانہ و واحد کی ذات کی طرح اس کا قانون حیات و وجود بھی ایک ہی ہے۔ ولنعم ما قبل

اس حالت کی ضد اشتات و انتشار ہے۔ اشتات شت سے ہے جس کے معنی لغت میں تفریق اور الگ الگ ہو جانے کے ہیں۔ یقال شت جمعہم شتا و شتاتا و جاؤا اشتاتا ای متفرقی النظام (مفردات 652) قرآن حکیم میں ہے۔

یومئید یصدر الناس اشتاتا (6:99) اور من نبات شتی اور و قلوبھم شتی (14:49) ای مختلفہ۔ انتشار نشر سے ہے۔ اس کے معنی بھی الگ الگ ہو جانے کے ہیں یعنی تفرق کے سورۃ جمعہ میں ہے:۔

فاذا قضیت الصلوۃ فانتشروا (10:62)

یعنی تفرقوا اشتات و انتشار سے مقصود وہ حالت ہے جب اجتماع و ائتلاف کی جگہ الگ

الگ ہو جائے۔ متفرق اور پراگندہ ہونے اور باہم دگر علیحدگی و بیگانگی کی حالت پیدا ہو جائے۔ یہ حالت جب مادہ پر طاری ہوتی ہے تو تکوین کی جگہ فساد اور وجود کی جگہ عدم و فنا کا اس پر اطلاق ہوتا ہے۔ جب جسم پر یہ حالت طاری ہوتی ہے تو اس کا نام پہلے بیماری اور پھر موت ہے، اعمال پر طاری ہوتی ہے تو اس کا قرآن حکیم اپنی اصطلاح میں عمل سوء اور عصیان سے تعبیر کرتا ہے اور پھر یہی چیز ہے کہ جب قوموں کی اجتماعی زندگی پر طاری ہوتی ہے تو دنیا دیکھتی ہے کہ اقبال کی جگہ، ادبار، عروج کی جگہ تسفل، ترقی کی جگہ تنزل، عظمت کی جگہ ذلت، حکومت کی جگہ محکومی، اور بالآخر زندگی کی جگہ موت اس پر چھا جاتی ہے۔

یہی وجہ ہے کہ قرآن حکیم نے جابجا اجتماع و ائتلاف کو قومی زندگی کی سب سے بڑی بنیاد اور انسان کے لیے اللہ کی جانب سے سب سے بڑی رحمت و نعمت قرار دیا ہے اور اس کو اعتصام بحبل اور اسی طرح کی تعبیرات عظیمہ سے موسوم کیا ہے۔ مسلمانوں کے اولین مادہ تکوین امت یعنی اہل عرب کو مخاطب کرکے اور پھر تمام عرب و عجم سے فرمایا۔

واعتصموا بحبل اللہ جمیعا ولا تفرقوا واذکروا نعمت اللہ علیکم اذ کنتم اعدآء فالف بین قلوبکم فاصبحتم بنعمتہ اخوانا (103:3)

سب مل جل کر اور پوری طرح اکٹھے ہو کر اللہ کی رسی مضبوط پکڑ لو۔ سب کے ہاتھ اسی ایک حبل اللہ سے وابستہ ہو اللہ کا یہ احسان یاد کرو کہ کسی عظیم الشان نعمت ہے جس سے وہ سرفراز کئے گئے۔

تمہارا یہ حال تھا کہ بالکل بکھرے ہوئے اور ایک دوسرے کے دشمن تھے۔ اللہ نے تم سب کو باہم ملا دیا اور اکٹھا کر دیا، پہلے ایک دوسرے کے دشمن تھے، اب بھائی بھائی ہو گئے ہو۔

اس کے بعد فرمایا کہ اشتات وانتشار کی زندگی کو بقاء وقیام نہیں ہو سکتا۔ وہ بلا کی ایک آگ ہے جس کے دہکتے ہوئے شعلوں کے اوپر کبھی قومی زندگی نشوونما نہیں پا سکتی۔

وکنتم علی شفا حفرۃ من النار فانقذکم منھا کذلک یبین اللہ لکم ایتہ لعلکم تھتدون(103:3)

اور تمہارا حال یہ تھا کہ آگ کے دہکتے ہوئے گڑھے کے کنارے کھڑے تھے۔ پر اللہ نے تمہیں بچا لیا، اللہ اپنے فضل ورحمت کی نشانیاں اس طرح کھولتا ہے تا کہ کامیابی کی راہ پالو۔

یہ بھی جا بجا بتلا دیا کہ قوموں اور ملکوں میں اس اجتماع وائتلاف کی صالح وحقیقی زندگی پیدا کر دینا محض انسانی تدبیر سے ممکن نہیں، دنیا میں کوئی انسانی تدبیر امت نہیں پیدا کر سکتی۔ یہ کام صرف اللہ ہی کی توفیق ورحمت اور اسکی وحی وتنزیل کا ہے کہ بکھرے ہوئے ٹکڑوں کو جوڑ کر ایک بنا دے۔

لوانفقت مافی الارض جمیعا مآالفت بین قلوبھم ولکن اللہ الف بینھم انہ عزیز حکیم(63:8)

اگر تم زمین کا سارا خزانہ بھی خرچ کر ڈالتے جب بھی ان بکھرے ہوئے دلوں کو اکٹھا کر دیا اسی لیے قرآن حکیم ظہور شریعت ونزول وحی کا پہلا نتیجہ یہ قرار دیتا ہے کہ اجتماع وائتلاف پیدا ہو اور بار بار کہتا ہے کہ تفرقہ وانتشار اور شریعت ووحی کے ساتھ جمع نہیں ہو سکتے اور اسی لیے یہ نتیجہ شریعت سے یعنی عدوان اور اس کو بالکل ترک کر دینے کا ہے۔

فما اختلفوا حتی جآءھم العلم(93:10)

واتینھم بینت من الامر فما اختلفوا الا من بعد ماجاء ھم العلم بغیا بینھم(14:45)

ولا تکونوا کالذین تفرقوا واختلفوا من بعد ما جآءھم البینت (105:3)

اور اس بنا پر شارع نے اسلام اور اسلامی زندگی کا دوسرا نام جماعت رکھا ہے اور جماعت سے علیحدگی کو جاہلیت اور حیات جاہلی سے تعبیر کیا ہے جیسا کہ آگے بالتفصیل آئے گا۔

من فارق الجماعۃ فمات میتۃ جاھلیۃ۔ وغیر ذالک

اور اسی بنا پر بکثرت وہ احادیث و آثار موجود ہیں جن میں نہایت شدت کے ساتھ ہر مسلمان کو ہر حال میں التزام جماعت اور اطاعت امیر کا حکم دیا گیا ہے۔ اگرچہ امیر غیر مستحق ہو، نا اہل ہو، فاسق ہو، ظالم ہو، کوئی ہو، بشرطیکہ مسلمان ہو اور نماز قائم رکھے۔ ما اقوموا الصلوۃ اور ساتھ ہی بتلا دیا گیا کہ جس شخص نے جماعت سے علیحدگی کی راہ اختیار کی تو اس نے اپنے تیئں شیطان کے حوالے کر دیا۔ یعنی گمراہی اور ٹھوکر اس کے لیے لازم ہو گئی ہے۔ زنجیر کا توڑنا مشکل ہوتا ہے۔ لیکن کوئی کڑی زنجیر سے الگ ہو گئی ہو تو ایک چھوٹے سے حلقہ کا حکم رکھتی ہے جس کو انگوٹھے سے مسل دیا جاتا ہے۔ حضرت عمر رضی اللہ تعالیٰ عنہ اپنے خطبوں مین بار بار آنحضرت صلی اللہ علیہ والہ وسلم سے روایت کرتے ہیں۔

علیکم بالجماعۃ فان الشیطان مع الفذۃ وھو من الاثنین ابعد۔

دوسری روایت میں ہے۔ فان الشیطان مع الواحد (حدیث مبارکہ)

یعنی جماعت سے الگ نہ ہو، ہمیشہ جماعت بن کر رہو کیونکہ جب کوئی تنہا اور الگ ہوا تو شیطان اس کا ساتھی ہو گیا، دو انسان بھی مل کر رہیں تو شیطان ان سے دور رہے گا۔ یعنی اتحادی اور جماعتی قوت ان میں پیدا ہو جائے گی۔ اب وہ راہ حق سے نہیں بھٹک سکتے۔ یہ الفاظ مشہور خطبہ جابیہ کے ہیں، جو عبد اللہ بن دینار، عامر بن سعد، سلیمان بن یسار وغیر ہم

سے مروی ہے۔ اور بیھقی نے امام شافعی کے طریق سے نقل کیا کہ انہوں نے اجماع کے اثبات میں اسی روایت سے استدلال کیا۔

اسی طرح حدیث متواتر بالمعنی، علیکم بالسواد الاعظم فانہ من شذ شذ فی النار اوریداللہ علی الجماعۃ لایجمع اللہ امتی علی الضلالۃ اوکما قال خطبۃ حضرت امیر کہ وایاکم والفرقۃ فان الشاذ من الناس للشیطان کما ان الشاذ من الغنم للذنب الا من دعا الی ھذا الشعار فاقتلوہ ولوکان تحت عمامتی ھذا۔ غیر ذالک۔

اس بارے میں معلوم و مشہور ہیں، آخری قول دیگر روایات میں بطریق مرفوع بھی منقول ہے۔ خلاصہ سب کا یہ ہے کہ ہمیشہ جماعت کے ساتھ مل کر رہو، جو جماعت سے الگ ہوا اس کا ٹھکانہ دوزخ ہے۔ افراد تباہ ہوسکتے ہیں مگر ایک صالح جماعت تباہ نہیں ہوسکتی۔ اس پر اللہ کا ہاتھ ہے اور وہ کبھی ایسا نہیں ہونے دے گا کہ پوری جماعت گمراہی پر جمع ہو جائے۔ اسی طرح نماز کی جماعت کی نسبت ہر حال میں التزام پر زور دینا اور اگرچہ امام نااہل ہو لیکن سعی قیام اہل کے ساتھ التزام جماعت کو بھی جاری رکھنا حتیٰ کہ صلوا خلف کل بروفاجر۔ تو اس میں بھی یہی حقیقت مضمر ہے کہ زندگی جماعتی زندگی ہے۔ انفراد و فرقت ہر حال میں بربادی و ہلاکت ہے۔ پس جماعت سے کسی حال میں باہر نہ ہونا اور یہی سبب ہے کہ سورۃ فاتحہ میں جو قومی دعا مسلمانوں کو سکھلائی گئی۔ اس میں متکلم واحد نہیں بلکہ جمع، حالانکہ وہ دعا فرداً فرداً ہر مومن کی زبان سے نکلنے والی تھی۔ اھدنا الصراط المستقیم (5:1)۔ اہدنی نہیں کہا گیا۔ یہ اس لیے کہ قرآن کے نزدیک فرد کی ہستی کوئی شے نہیں، ہستی صرف اجماع اور جماعت کی ہے اور فرد کا وجود اور اعمال بھی صرف اسی لیے ہیں تا کہ ان کے اجتماع و تالیف سے ہئیت اجتماعیہ پیدا ہو اس لیے اس دعا میں کہ حاصل ایمان، خلاصہ قرآن اور عصارہ اسلام ہے، متکلم جمع کا صیغہ آیا نہ کہ واحد کا

اور اسی لیے مسلمانوں کی باہمی ملاقات کے وقت جو امتیازی دعا سکھلائی گئی، وہ جمع آئی ہے اگرچہ مخاطب واحد ہو یعنی السلام علیکم، السلام علیک نہیں قرار دیا گیا۔ علت اس کی یہی ہے، نہ کہ وہ جو لوگوں نے سمجھی ہے۔

اور اسی بنا پر احکام و اعمال شریعت کے ہر گوشے اور ہر شاخ میں یہی اجتماعی و ائتلافی حقیقت بطور اصل اساس کے نظر آتی ہے، نماز کی جماعت خمسہ اور جمعہ و عیدین کا حال ظاہر ہے اور حج بجز اجتماع کے اور کچھ نہیں، زکوٰۃ کی بنیاد میں اجتماعی زندگی کا قیام اور ہر فرد کے مال واندوختہ میں جماعت کا ایک حصہ قرار دیا ہے۔

علاوہ بریں اس کی ادائیگی کا نظام بھی انفرادی حیثیت سے نہیں رکھا گیا بلکہ جماعتی حیثیت سے یعنی ہر فرد کو اپنی زکوٰۃ خرچ کر دینے کا اختیار نہیں دیا گیا جیسا کہ بد قسمتی سے آج مسلمان کر رہے ہیں اور جو صریحاً غیر شرعی طریقہ ہے بلکہ مصارف زکوٰۃ کی رقم امام و خلیفہ وقت کے سپرد کر دینے کا حکم ہے، پس اس کے خرچ کی بھی اصلی صورت جماعت ہے۔ نہ کر فرد۔ یہ امام کا کام ہے کہ اس کا مصرف تجویز کرلے اور مصارف مخصوصہ میں سے جو مصرف زیادہ ضروری ہو اس کو ترجیح دے۔ ہندوستان میں اگر امام کا وجود نہ تھا، جس طرح جمعہ و عیدین وغیرہ کا انتظام اسی عذر کی بنا پر کیا گیا، زکوٰۃ کا بھی کیا جاتا تو پھر یہ حقیقت کسی قدر واضح ہو جاتی ہے۔ اگر ان تمام مشہور احادیث پر غور کیا جائے جن میں مسلمانوں کی متحدہ قومیت کی تصویر کھینچی گئی ہے۔ تری المؤمنین فی تراحمھم وتوادھم وتعاطفھم کمثل الجسد اذا اشتکی عضوا تداعی لہ سائر جسدہ بالسھر والحتمی۔ المؤمن للمومن کالبنیان یشد بعضہ بعضا۔

یعنی مسلمانوں کی قومیت ایسی ہے جیسے ایک جسد یعنی جسم اور اس کے مختلف اعضاء ایک عضو میں درد ہو تو سارا جسم درد محسوس کرتا ہے اور اس کی بے چینی اور تکلیف میں

اس طرح حصہ لیتا ہے جیسے خود اس کے اندر درد اٹھ رہا ہو نیز ان کی مثال دیوار کی سی ہے ؛ہر اینٹ دوسری اینٹ سے سہارا پاتی اور اسے سہارا دیتی ہے۔ پھر تشبیک اصابع کر کے اس کی تصویر بتلادی یعنی ایک ہاتھ کی انگلیاں دوسرے ہاتھ کی انگلیوں میں رکھ کر دکھلا دیا کہ اس طرح ایک دوسرے سے جڑا ہوا متصل ہے۔ سوان تمام تصریحات میں بھی اسی حقیقت کو واضح کیا ہے کہ اسلام کی قومیت متفرق اینٹوں کا نام نہیں ہے، دیوار نام ہے۔ الگ الگ اینٹ کا مستقل وجود نہیں ہے، تو اجتماعی وجود ہے۔ یعنی دیوار کا ایک جزو ہے اور ان اجزاء کے ملنے سے دیوار متشکل ہوتی ہے۔

اور یاد رہے کہ یہ جو نماز تسویہ صفوف یعنی صف بندی پر سخت زور دیا گیا ہے یعنی صف بندی پر اور سب کے سروں، سینوں، پاؤں کے سیدھ ہونے پر۔ لتسون صفوفکم اولیخالفن اللہ بین وجوھکم (بخاری شریف) اور روایت انس کی، سووا صفوفکم فان تسویہ الصفوف من اقامۃ الصلوۃ (بخاری شریف)

"وفی لفظ" من مقام الصلوۃ۔ تو اس میں بھی یہی بھید ہے اور تشریح کا یہ موقع نہیں ہے۔ اس کے بارے میں قرآن و سنت کی تصریحات و کمالات جو محتاج تفسیر و کشف تھیں ایک ضخیم کتاب مجلد موسوم بہ تفسیر البیان میں مفصل لکھ چکا ہوں۔

اس قانون الہٰی کے مطابق مسلمانوں کی قومی زندگی کے عروج کا اصلی دور وہی تھا جب ان کی قومی و انفرادی، مادی و معنوی، اعتقادی و عملی زندگی پر اجتماع و ائتلاف کی رحمت طاری تھی اور ان کے تنزل و ادبار کی اصل بنیاد اس وقت پڑی جب اجتماع و ائتلاف کی جگہ اشتات و انتشار کی نحوست چھانی شروع ہو گئی۔

ابتدا میں ہر مادہ مجتمع تھا۔ ہر طاقت سمٹی ہوئی تھی۔ ہر چیز بندھی ہوئی تھی، لیکن بتدریج تفرقہ و انتشار کی ایسی ہوا چلی کہ ہر بندھن کھلا۔۔۔ ہر جماؤ پھیلا اور ہر ملی جلی اور

اکٹھی طاقت الگ الگ ہو کر منتشر اور تتر بتر ہو گئی۔ قرآن کریم کے بتلائے ہوئے قانون تنزل اقوام کے مطابق یہ حالت ہر چیز اور ہر گوشہ وجود و عمل پر طاری ہوئی اور ایک ہزار برس پر تین صدیاں گذر چکی ہیں کہ برابر طاری ہو رہی ہے اور بڑھتی جاتی ہے۔ لوگ اسباب تنزل امت پر بحث کرتے، طرح طرح کی علتیں ٹھہراتے اور طرح طرح کے ناموں سے موسوم کرتے چلے آرہے ہیں۔ حالانکہ قرآن و سنت اور عقلیات صادقہ کے نزدیک تنزل کے تمام فسادات و نتائج صرف اسی ایک چیز کا نتیجہ ہیں۔ اس ایک حقیقت کو کتنے ہی مختلف ناموں سے پکارو مگر اصل علت اس کے سوا کوئی نہیں۔

قوتوں کے انتشار کا دور ساری چیزوں پر طاری ہوا۔ لیکن یہاں صرف ایک ہی پہلو واضح کرنا مقصود ہے۔ آنحضرت صلی اللہ علیہ والہ وسلم کا وجود اسلامی طاقت کی اصلی شخصیت تھی۔ آپ جب دنیا سے تشریف لے گئے تو صرف ایک ہی داعی شریعت یا عامل وحی کی جگہ خالی نہیں ہوئی۔ بلکہ ان ساری قوتوں، سارے منصوبوں ساری حیثیتوں اور ہر طرح کے نظری عملی اختیارات و قوی کی جو آپ کی شخصیت مقدسہ میں اکٹھی تھیں اور جن کا آپ کے تنہا وجود مقدس میں جمع ہونا اسلام کی شرعی و دینی خصوصیات میں سے تھا۔ اسلام کا داعی مسیحیت کے مقدس پہاڑی واعظ کی طرح صرف ایک اخلاقی معلم نہ تھا اور نہ ہی دنیا کے فاتح حکمرانوں کی طرح محض ایک جہانگیر اور عالم ستان شہنشاہ تھا۔ اسلام نے دین کو دنیا سے اور شریعت کو حکومت و جہانبانی سے الگ نہیں رکھا۔ وہ یہ سکھلانے آیا تھا کہ دین و دنیا دو نہیں ایک ہی چیز ہیں اور شریعت سے حکومت و سلطنت الگ نہیں۔ بلکہ سچی حکومت اور خدا کی مرضی کے مطابق سلطنت وہی ہے جس کو شریعت نے خود پیدا کیا ہو۔ پس اسلام کے داعی کا وجود ایک ہی وقت میں ان تمام حیثیتوں اور منصوبوں کا جامع تھا جو ہمیشہ دنیا کی صدہا مختلف شخصیتوں کے اندر منقسم رہی ہے۔ وہ اللہ کا پیغمبر

تھا۔ شریعت کا خقلن تھا، امت کا بانی تھا، ملکوں کا حاکم اور سلطنت کا مالک تھا۔ وہ اگر پتوں اور چھال سے بنی ہوئی مسجد کے منبر پر وحی الٰہی کا ترجمان اور انسانی سعادت و ہدایت کا واعظ تھا تو اسی کے صحن میں یمن کا خراج تقسیم کرنے والا اور فوجوں کو میدان جنگ میں بھیجنے کے لیے سپہ سالار لشکر بھی تھا۔ وہ ایک ہی وقت اور ایک ہی زندگی میں گھروں کا نظام معاشرت درست کرتا، نکاح و طلاق کے قوانین نافذ کرتا، ساتھ ہی بدر کے کنارے دشمنوں کا حملہ بھی روکتا اور مکہ کی گھاٹیوں میں سے ایک فاتح حکمران کی طرح نمایاں بھی ہوتا تھا۔ غرضیکہ اس کی ایک شخصیت کے اندر مختلف حیثیتیں اور مناصب جمع تھے۔ اسلام کا نظام دینی یہی تھا کہ یہ ساری قوتیں ایک ہی فرد میں جمع رہیں۔۔۔ جب آپ دنیا سے تشریف لے گئے تو خلفاء راشدین کی خلافت خاصہ اسی اجتماع قوی و مناصب پر قائم ہوئی اور اس لیے اس کو منہاج نبوت سے تعبیر کیا گیا یعنی یہ نیابت ٹھیک ہر لحاظ اور ہر پہلو سے جامع نبوت کی سچی قائم مقامی اپنے اندر رکھتی تھی۔

منصب نبوت مختلف اجزاء نظر و عمل سے مرکب ہے۔ ازاں جملہ ایک جزو وحی تنزل کا مورد ہونا اور شریعت میں تشریح و تاسیس قوانین کا اختیار رکھنا ہے یعنی قانون وضع کرنا اور اس کے وضع و قیام کی معصومانہ و غیر مسئولانہ قوت، اس جزء کے اعتبار سے، نبوت آپ کے وجود پر ختم ہو چکی ہے اور قیامت تک کے لیے شریعت و قانون کے وضع و قیام کا معاملہ کامل ہو چکا ہے۔

جب نعمت کامل ہو چکی تو پھر کامل چیز کو ہی ہمیشہ باقی رہنا چاہیے۔ اس کی جگہ کسی دوسری چیز کا آنا نقص کا ظہور ہو گا نہ کہ تکمیل کا۔

الیوم اکملت لکم دینکم واتممت علیکم نعمتی ورضیت لکم الاسلام دینا۔ (3:5)

لیکن منصب نبوت اس اصلی جز کے ساتھ جہت سے طبعی اجزاء پر بھی مشتمل تھا اور

ضرور تھا کہ ان کا دروازہ ہمیشہ کھلا رہے۔ اس چیز کو مختلف احادیث میں مختلف تعبیرات سے موسوم کیا گیا ہے۔ حضرت عمر رضی اللہ تعالیٰ عنہ کے لیے محدث (بالفتح) کا مقام بتلایا گیا، علماء کو انبیاء کا وارث کہا گیا۔ معتبرات صادقہ کو نبوت کا چالیسواں جزء قرار دیا۔

لم یبق من النبوۃ الا المبشرات۔ حدیث تجدید بھی اسی سلسلہ میں داخل ہے پس خلفائے راشدین کی جو نیابت پہنچی، اس میں وحی و تشریح کی قائم مقامی تو نہیں ہو سکتی تھی، لیکن اور تمام اجزاء وحی و خصائص نبوت کی نیابت داخل تھی۔ داعی اسلام کا وجود نبوت کے ساتھ خلافت ارض، حکومت و سلطنت، نظام و قوام سیاست، قیاد تفوج و حرب، فتح و عمران ممالک، ریاست مجالس شوری غرض جہاں بانی و حکمرانی کے تمام منصب تنہا اپنی شخصیت کے اندر رکھتا ہے۔ اس لیے ٹھیک اسی طرح خلافت خاصہ میں بھی خلفاء راشدین کا تنہا وجود ان ساری نظری و عملی قوتوں اور تمام منصوبوں کا جامع ہوا۔ وہ ایک ہی وجود کے اندر صاحب امامت و خلافت بھی تھے، صاحب اجتہاد و قضا بھی تھے، صاحب سیاست اور نظم و احکام بلاد بھی۔ اصلاً امامت کبری کا مقام اجتہاد دینی اور سیاست ملکی دونوں سے مرکب ہے۔ اس لیے ان کی امامت میں یہ دونوں قسمیں اپنی تمام شاخوں کے ساتھ اکٹھی تھیں۔

حضرت عمر رضی اللہ تعالیٰ عنہ مسجد کے دار الشوریٰ میں مسائل شرعیہ کا بہ حیثیت ایک مجتہد کے فیصلہ کرتے تھے۔ عدالت میں مقدمے سنتے تھے اور دیوان فوجی میں فوجوں کو تنخواہ بانٹتے تھے۔ اگر وہ نماز جنازہ کی معین تکبیرات پر صحابہ کا اجماع کراتے تھے راتوں کو شہر میں گشت لگا کر احتساب کا فرض بھی ادا کرتے تھے۔ میدان جنگ میں احکام بھی وہی بھیجتے اور روم کے سفیر کو بہ حیثیت شہنشاہ اسلام اپنے سامنے بھی وہی بلاتے۔

اسی طرح نبوت کا مقام تعلیم وتربیت امت کی مختلف قوتوں سے مرکب تھا۔ قرآن حکیم نے ان کو تین اصولی قسموں میں بانٹ دیا۔

یتلوا علیھم ایتہ ویزکیھم ویعلمھم الکتب والحکمۃ (2:62)

تلاوت آیات، تزکیہ نفوس اور تعلیم کتاب و حکمت۔ خلفائے راشدین ان تینوں منصبوں میں وجود نبوت کے نائب تھے۔ وہ منصب اجتہاد و قضاء شرح کے ساتھ قوت ارشاد وتزکیہ نفوس وتربیت بھی رکھتے تھے۔ وہ ایک صاحب وحی کی طرح خدا کے کلام کی منادی کرتے۔ ایک نبی کی طرح تعلیم و کتاب اور حکمت و سنت سے امت کی تربیت و پرورش کرنے والے تھے۔

وہ ایک ہی وجود میں ابو حنیفہ و شافعی بھی تھے اور جنید و شبلی بھی، نخعی و حماد بھی تھے اور ابن معین و ابن راہویہ بھی، جسموں کا نظام بھی انہی کے ہاتھ میں تھا اور دلوں کی حکمرانی بھی انہی کے قبضہ میں تھی۔ یہی حقیقت اور کامل معنی منصب نبوت کی نیابت کے ہیں اور اسی لیے ان کا وجود اور ان کے اعمال بھی نبوت کا آخری جزء تھے کہ:۔ علیکم بسنتی وسنۃ الخلفاء الراشدین۔ اور اسی طرح وعضوا علیھا بالنواجز۔ کے حکم میں نہ صرف سنت عہد نبوت بلکہ خلافت راشدہ وخاصہ کی سنت بھی داخل ہوئی اور شرح اس سر الٰہی کی بہت طولانی ہے۔ یہاں محض اشارات مطلوب ہیں!

لیکن جیسا کہ پہلے سے خبر دے دی گئی تھی، اجتماع و ائتلاف کی۔ یہ حالت حضرت علی رضی اللہ تعالیٰ عنہ پر ختم ہوگئی۔ اس کے بعد اشتات و انتشار کا دور شروع ہوا۔ ازاں جملہ مرکزی قوتوں اور منصوبوں کا انتشار و اشتات تھا جس نے فی الحقیقت امت کا تمام نظام شرعی واصلی درہم برہم کر دیا۔ خلافت خاصہ کے بعد یہ ساری یکجا قوتیں الگ الگ ہو گئیں۔ ایک وجود کی جگہ مختلف وجودوں میں ان کا ظہور اور نشو و نما ہوا۔ حکومت و

فرمانروائی کا ٹکڑا الگ ہو کر مجرد پادشاہی کی شکل میں آ گیا۔ اسی کی طرف اشارہ تھا۔ الخلافۃ بعدی ثلاثون سنۃ ثم ملک۔ اس کے بعد صرف پادشاہی ہی رہ گئی، اجتہاد اور قضاء شرعی جزء خلافت سے الگ ہوا۔ مجتہدین و فقہا کی ایک جماعت پیدا ہو گئی۔ انہوں نے یہ کام سنبھالا، اسی طرح تعلیم و تربیت روحانی کے کاروبار سے نظام حکومت بالکل الگ ہو گیا۔

پہلے خلافت کی ایک ہی بیعت تمام مقاصد کی کفیل تھی۔ اب خلیفہ کا وجود محض پادشاہی کے لیے اور فقہا کا مجرد واستنباط احکام و مسائل کے لیے رہ گیا۔ تزکیہ نفس اور ارشاد قلوب کے لیے ایک دوسری بیعت مستقلا قائم ہوئی جو بیعت توبہ و ارشاد۔ اس طرح اصحاب طریقت و تصوف کی بنیاد پڑی، پہلے صرف ایک وجود تھا، وہ پادشاہ، مجتہد، مرشد، قاضی القضاۃ، سپہ سالار جنگ، میر عدل واحتساب، سب کچھ تھا۔ اب یہ ساری قوتیں الگ الگ ہو گئیں حکومت و فرمانروائی الگ الگ وجود میں آئی۔ اجتہاد اور تقیہ کے لیے دوسرا وجود مرکز بناء قضا کے تیسرا ارشاد و تزکیہ، قلوب کے لیے چوتھا وھلم جر غرضیکہ عہد اجتماع قومی و مناصب کے بعد دور انتشاری قوی و مناصب شروع ہو کر رفتہ رفتہ کمال ظہور و بلوغ تک پہنچ گیا۔ حتی کہ یہ تمام قوتیں اس طرح ایک دوسرے سے بیگانہ و مخالف ہو گئیں کہ یا تو ایک ہی وجود میں جمع تھیں یا اب مختلف وجودوں میں بٹ کر بھی متفق نہ رہ سکیں۔ اختلاف صرف تعدد و تنوع میں نہیں رہا بلکہ اختلاف قضاء کی شکل میں پیدا ہو گئی۔ یہی سب سے بڑی مصیبت و ہلاکت تھی جو امت پر طاری ہوئی۔

مسلمانوں کے تنزل و ادبار کی اصلی علت یہ ہے۔ وہ افسانے نہیں ہیں جن میں تم سرمست ہو۔ افسوس کہ سطحی و جزئی حالات کی استغراق نے اصلی اسباب و علل پر غور کرنے کی تمہیں کبھی مہلت نہ دی اور بحث و نظر میں یورپ کی تقلید سے آزاد نہ ہو سکے کہ خالص اسلامی فکر و نظر سے اسباب ترقی و تنزل پر تدبر کرتے۔

غرضیکہ خلافت راشدہ کے بعد سلسلہ خلافت قائم ہوا۔ خواہ وہ قرشی رہا ہو یا غیر قرشی، مجرد ملوکی و پادشاہی کا سلسلہ تھا اور بجز چند مستثنیٰ اوقات کے جیسا کہ عہد حضرت عمر بن العزیز، یہ نہایت نبوت کے تقریباً تمام اجزا سے یک قلم خالی رہا۔ منصب بٹ چکے تھے۔ قوتیں منتشر ہو چکی تھیں۔ البتہ جو انقلاب سلطان عبدالحمید خاں کے زمانے میں ہوا اور جس کا نتیجہ یہ نکلا کہ سلاطین عثمانیہ کی خلافت طریق استبدادی و شخصی طریق شوری میں تبدیل ہو گئی۔ سو بلاشبہ خلافت راشدہ کی طرف عود و رجعت کا ایک یہ مبارک قدم تھا جس کے لیے شوری اور پارلیمنٹ کا ہونا سب سے پہلی شرط ہے۔ لیکن ان جزئی مستثنیات کے علاوہ تمام حالات و خصائص ہر دور اور ہر سلسلے کے وہی رہے جو ایک جامع لفظ ملک عضوض میں بتلا دیے گئے تھے۔ اور اس میں بھی کبھی کوئی نمایاں اور پائیدار تبدیلی نہ ہوئی لیکن یہاں اس بات کا لحاظ ضروری ہو گا یعنی اجتماع، اتحاد، ائتلاف، امتزاج اور انتظام یہ پانچ عناصر ہیں جو ہر قومی تنظیم کے لیے ضروری ہیں اور ان میں ترتیب فطری طور پر یہی ہو گی جو یہاں ذکر ہے۔ سب سے پہلے درجہ اجتماع ہو گا۔ پھر ائتلاف اس کے بعد امتزاج اور سب کے آخر میں انتظام ہو گا۔ جس قوم نے یہ پانچ مراتب طے کے لیے تو سمجھو کہ اس نے عروج و ارتقاء فلاح و کامرانی کی سب منزلیں طے کر لیں اب اس کے لیے منزل مقصود تک پہنچنا مشکل نہیں۔

جماعت سے مقصود یہ ہے کہ افراد کا ایک ایسا مجموعہ تیار کیا جائے جس میں اتحاد، امتزاج اور نظم ہو۔ اتحاد سے مقصود یہ ہے کہ وہ اپنے اعمال حیات میں منتشر نہ ہوں۔ ایک دوسرے سے ملے ہوئے ہوں اور ان کے تمام اعمال مل جل کر انجام پائیں کسی گوشہ عمل میں بھی پھوٹ اور بے گانگی نہ ہو، ائتلاف کا مرتبہ اتحاد سے بلند تر ہے۔ اتحاد صرف باہم مل جاتا ہے، ضروری نہیں کہ کسی تناسب کے ساتھ ترکیب ہوئی ہو لیکن

ائتلاف سے مقصود ایسا اتحاد ہے جو محض اتحاد ہی نہ ہو بلکہ ایک صحیح و مناسب ترکیب کے ساتھ اتحاد ہو یعنی منتشر افراد اس طرح باہم ملے ہوں کہ جس فرد کو اس کی صلاحیت و قوت کے مطابق جو جگہ ملنی چاہیے، وہی جگہ اسے ملی ہو اور فرد کی انفرادی قوت کو جماعتی ترکیب میں اتنا ہی دخل دیا جائے، جتنی مقدار میں دخل پانے کی اس میں استعداد ہے۔ ایسا نہ ہو کہ زید کو سردار ہونا چاہیے لیکن اس سے چاکری کا کام لیا جائے اور عمر کی قابلیت کا عنصر چھٹانک بھر جزو جماعت ہونے کی صلاحیت رکھتا ہے، اس کو سیر بھر قرار دے دیا جائے۔

امتزاج ترکیب کا تیسرا درجہ ہے، اس میں کمیت سے کیفیت حاصل کر سکتا ہے۔

ویسا ہی مزاج اس کے ساتھ ملایا جائے۔ یہ نہ ہو کہ دو ایسے آدمیوں کو ملا دیا گیا، جن کی طبیعت و خصلت اور استعداد و صلاحیت باہم دگر میل نہیں کھا سکتی اور اس لیے خواہ کتنا ہی دونوں کو ملاؤ لیکن تیل اور پانی کی طرح ہمیشہ الگ ہی نظر آئیں گے۔ باہم مل جل کر یک جان نہ ہو پائیں۔

اللہ تعالیٰ نے جس طرح عناصر کو اس لیے پیدا کیا ہے کہ باہم دگر مل کر ایک مرکب وجود میں متشکل ہوں، افراد انسانی کو بھی اسی لیے پیدا کیا تاکہ ان کے باہم ملنے سے جماعت پیدا ہو۔ جماعت ایک مرکب وجود ہے۔ افراد اس کے عناصر ہیں۔ فرد بجائے خود کوئی کامل وجود نہیں پا سکتا۔ لیکن یہ باہم ملنا امتزاج کے ساتھ ہونا چاہیے تاکہ ٹکڑا اپنے صحیح و مناسب ٹکڑے کے ساتھ مل کر اس طرح جڑ جائے کہ معلوم ہو کہ یہ نگینہ اسی انگشتری کے لیے تھا۔ نظم سے مقصود جماعت کی وہ ترتیبی و تقویمی حالت ہے جب اس کے تمام افراد اپنی اپنی جگہوں میں قائم، اپنے اپنے دائرہ میں محدود اور اپنے اپنے فرائض و اعمال کے انجام دینے میں سرگرم ہوں۔

حواشی

مفرادات امام راغب 95

مفرادات 19

مسند احمد 1 / 275،البخاری: کتاب الفتن 7054

مسلم کتاب الامارۃ ص۔ 129

سنن البیھقی 7 / 91

مشکوۃ باب الاعتصام 1 / 30

مشکوۃ باب الاعتصام 1 / 30

سنن البیھقی: 4 / 19 قال البیھقی ضعیف

البخاری: کتاب الادب 6511

البخاری: کتاب الادب 6 + 026

البخاری: کتاب الاذان 717

البخاری کتاب الاذان 723

البخاری: کتاب التعبیر ص: 6990

الترمذی: ابواب العلم: 2681 وقال ھذا حدیث حسن صحیح

الترمذی ابواب الفتن 2231

***

مرکزیت قومیہ

اس کے بعد اہم مسئلہ اتباع خلیفہ کا ہے۔ خلیفہ خلف سے ہے۔ خلف کے معنی جانشینی اور قائم مقامی کے ہیں، خواہ یہ نیابت وجانشینی امور حسنہ میں ہو یا اعمال قبیحہ میں، ہر صورت میں خلافت اور نیابت ہے نبی نوع انسان کو اللہ تعالیٰ نے اپنے خلیفہ فرمایا ہے کیوں کہ انسان بھی اپنے خالق کا اپنے اعمال واحوال تکوینیہ اور افعال وکیفیات طبیعہ میں اپنے خالق کا قائم مقام اور جانشین ہے۔ ایسے ہی امور شرعیہ اور معاملات تشریعیہ میں بھی اس کی نیابت و قائم مقامی کا شرف اس کو حاصل ہے۔ امور شرعیہ میں اس کی قائم مقامی اور جانشینی اس طرح ہو گی کہ نظام عدل وانصاف کو اپنے شہنشاہ حقیقی کی جانب سے نافذ اور جاری کرنے کا حق اس کو ہو گا۔ بنابریں خلافت اقتدار ارضی کا نام ہے۔ یہ کوئی اقتدار سماوی نہیں۔ جس کے پاس ارضی اور زمینی حکومت و اقتدار ہے وہ خلیفہ ہے ورنہ نہیں، اس اجمالی تمہید کے بعد سب سے زیادہ اہم مسئلہ سامنے آتا ہے یعنی اسلام کا وہ نظام شرعی جو عر مسلمان کو خلیفہ وقت کی معرفت اور اطاعت پر اسی طرح مجبور کرتا ہے جس طرح اللہ اور اس کے رسول کی اطاعت پر۔ جب تک وہ اللہ اور اس کے رسول کے خلاف کوئی حکم نہ دے، اسلام کا قانون اس بارے میں اپنی تمام شاخوں اور تعلیموں کی طرح فی الحقیقت کائنات ہستی کے لدنی نظام کا ایک جزو اور اقوام ہستی کی زنجیر فطرت کی ایک قدرتی کڑی ہے۔ کائنات کے ہر حصہ اور ہر گوشہ میں ہم دیکھتے ہیں کہ اللہ کی قدرت وسنت ایک خاص نظام پر کار فرما ہے جس کا قانون مرکز یا قانون ادوار سے تعبیر کیا جاسکتا

ہے یعنی قدرت نے خلقت و نظام خلقت کے بقاو قیام کے لیے ہر جگہ اور ہر شاخ وجود میں یہ صورت اختیار کر رکھی ہے کہ کوئی ایک وجود تو بمنزلہ مرکز کے ہوتا ہے اور بقیہ اجسام ایک دائرے کی شکل میں اس کے چاروں طرف وجود پاتے ہیں اور پورے دائرے کی زندگی اور بقا صرف اس مرکزی وجود کی زندگی اور بقاء پر موقوف ہوتی ہے۔ اگر ایک چشم زون کے لیے بھی دائرہ کے اجسام اپنے مرکز سے الگ ہو جائیں یا مرکز کی اطاعت وانقیاد سے باہر ہو جائیں تو معاً نظام ہستی درہم برہم ہو جائے اور دائرہ کی اکیلی ہستیاں مرکز سے الگ رہ کر کبھی قائم قائم و باقی نہیں رہ سکتیں گی۔ یہی وہ حقیقت ہے جس کو بعض اصحاب اشارات نے یوں تعبیر کیا ہے کہ الحقیقۃ کا مکرہ اور اصحاب فتوحات نے کہا کہ دائرہ قاب قوسین ہے۔

یہ قانون مرکزیت و دائرہ نظام ہستی کے ہر جزء اور ہر حصہ میں صاف صاف دیکھا جاسکتا ہے۔ یہ نظام شمسی جو ہمارے اوپر ہے، ستاروں کی گنجان آباد کروں کا یہ صحرائے بے کنارہ، زندگی اور حرکت کا یہ محیر العقول طلسم کیا ہے؟ کس نظام پر یہ پورا کارخانہ چل رہا ہے۔ اسی قانون مرکزیت پر متحرک سیاروں کے حلقے اور دائرے ہیں۔ ہر دائرہ کا نقطہ حیات و بقاء سورج کا مرکزی نقطہ ہے۔ تمام ستارے اپنے اپنے کعبہ مرکز کا طواف کر رہے ہیں اور ہر دائرہ کی ساری زندگی اور بقا مرکز شمس کی اطاعت و انقیاد پر موقوف ہے۔ ذلک تقدیر العزیز العلیم (96:6) خود ہماری زمین بھی ایک ایسے ہی دائرہ کی ایک کڑی ہے اور شب و روز اپنے مرکز کے طواف و انقیاد میں مشغول ہے۔ ہر ستارے کے طواف و دوران کے لیے حکمت الٰہی نے ایک خاص راہ اور ایک خاص زمانہ قرار دے دیا ہے۔ وہ اس سے باہر نہیں جاسکتا۔ بحکم ولہ اسلم من فی السموت و من والارض (83:3) بحکم الم تران اللہ یسجد لہ من فی السموت و من فی الارض الشمس

والقمر والنجوم(18:22)خدا کے بنائے ہوئے قانون کے مطابق اپنی اپنی جگہ میں کام کر رہے ہیں۔ لا الشمس ینبغی لھا ان تدرک القمر ولا الیل سابق النھار وکل فی فلک یسبحون(40:36)قانون مرکزیت کا یہ پہلا اور بلند ترین نظارہ تھا۔اب اس کے بعد جس قدر نیچے اترتے آئیں گے اور حرکت وحیات کی بلندیوں سے لے زندگی کے چھوٹے سے چھوٹے گوشوں تک نظر ڈالیں گے۔ ہر جگہ زندگی اور بقا اس قانون سے وابستہ نظر آئے گی۔عالم نباتات میں درخت کو دیکھو اس کی ایک مجتمع وحدت کتنی وسیع کثرت سے مرکب ہے،ڈالیاں ہیں، شاخیں ہیں، پتے ہیں، پھول ہیں لیکن سب کی زندگی ایک ہی مرکز یعنی جڑ سے وابستہ ہے۔ جو نہی جڑ سے کوئی شاخ الگ ہوئی، موت و فنا اس پر طاری ہوگئی۔ آفاق کو چھوڑ کر عالم النفس کی طرف آؤ قانون مرکزیت کا یہ پہلا اور بلند ترین نظارہ تھا۔اب اس کے بعد جس قدر نیچے اترتے آئیں گے اور حرکت وحیات کی بلندیوں سے لے کر زندگی کے چھوٹے سے چھوٹے گوشوں تک نظر ڈالیں گے۔ ہر جگہ زندگی اور بقا اس قانون سے وابستہ نظر آئے گی۔عالم نباتات میں درخت کو دیکھو اس کی ایک مجتمع وحدت کتنی وسیع کثرت سے مرکت ہے،ڈالیاں ہیں، شاخیں ہیں، پتے ہیں، پھول ہیں لیکن سب کی زندگی ایک ہی مرکز یعنی جڑ سے وابستہ ہے۔ جو نہی جڑ سے کوئی شاخ الگ ہوئی، موت و فنا اس پر طاری ہوگئی۔ آفاق کو چھوڑ کر عالم النفس کی طرف آؤ اور خود اپنے وجود کو دیکھو جسے کے دیکھنے کے لیے نظر اٹھانے کی بھی ضرورت نہیں۔ تمہارے وجود کتنے مختلف ظاہری و باطنی اعضاء سے مرکب ہیں۔ اجسام اور وجود کی ایک پوری ہستی ہے جو تم میں آباد ہے۔ ہر جسم کا ایک فعل ہے اور ایک خاصہ لیکن دیکھو یہ ساری آبادی کس طرح ایک ہی مرکز کے آگے سربسجود ہے۔

سب کی حیات کا مرکز صرف قلب ہے۔ اس سے الگ رہ کر ایک عضو بھی زندہ

نہیں رہ سکتا۔ الا ان فی الجسد مضفتہ اذا صلحت صلح الجسد کلہ واذافسدت فسد الجسد کلہ الا وھی القلب

اسلام فی الحقیقت سنت اللہ اور فطرت اللہ کا ہی کا دوسرا نام ہے۔ اگر نوع انسانی کی سعادت وارتقاء کے لیے قانون اسلام اسی فاطر السموات ولارض کا بنایا ہوا ہے جس نے تمام کائنات کے لیے قانون حیات بنایا تو ضرور ہے کہ دونوں اختلاف نہ ہو بلکہ پہلا قانون پچھلے قانون عام کا ایک ایسا قدرتی جزء نظر آئے جیسے زنجیر کی ایک کڑی۔

پس اسلام کا نظام شرعی بھی ٹھیک ٹھیک اسی قانون مرکزیت پر قائم ہوا۔ قرآن نے یہ حقیقت جابجا واضح کی ہے کہ جس طرح اجسام واشیاء کی زندگی اپنے اپنے مرکز سے وابستہ ہے۔ اس طرح نوع انسانی اور اس کی جماعت وافراد کا جسمانی ومعنوی بقا بھی قانون مرکزیت پر موقف ہے جس طرح ستاروں کی زندگی اور حرکت کا مرکز ومحور سورج کا وجود ہے۔ اسی طرح نوع انسانی کا مرکز سعادت انبیاء کرام کا وجود ہے۔ پس ان کی اطاعت وانقیاد وبقاء حیات کے لیے ناگزیر ٹھہری وما ارسلنا من رسول الالیطاع باذن اللہ(64:4)

دنیا میں کوئی نبی نہیں آیا مگر اس کی اطاعت کی جائے اور اس لیے فرمایا۔ فل اور بک لایؤمنون حتی یحکموک فیما شجر بینھم ثم لایجدوا فی انفسھم حرجا مما قضیت ویسلموا تسلیما(65:4)

لقد کان لکم فی رسول اللہ اسوۃ حسنۃ(21:33) پھر قوم وملت کے بقاء کے لیے ہر طرح کے دائرے اور ہر طرح کے مرکز قرار دیے۔ اعتقاد میں اصلی مرکز عقیدہ توحید کو ٹھہرایا جس کے گرد تمام عقائد کا دائرہ قائم ہے۔

ان اللہ لایغفر ان یشرک بہ ویغفر مادون ذلک لمن یشاء(48:4)

عبادت میں نماز کو مرکز عمل ٹھہرایا جس کے ترک کر دینے کے بعد تمام دائرہ اعمال منہدم ہو جاتا ہے۔

فمن اقامھا اقام الدین ومن ترکھا فقد ھدم الدین اور اس لیے یہ بات ہوئی کہ کان اصحاب رسول اللہ صلی اللہ علیہ والہ وسلم لایرون شیئامن الاعمال ترکہ کفر غیر الصلوۃ (ترمذی) یعنی صحابہ کرام کسی عمل کے ترک کر دینے کو کفر نہیں سمجھتے تھے۔ مگر نماز کے ترک کو۔ اسی طرح تمام قوتوں اور ملکوں کا ارضی مرکز سعادت وادی حجاز کو کعبۃ اللہ قرار پایا۔

جعل اللہ الکعبۃ البیت الحرام قیما للناس (97:5) پر غور کرو اور چونکہ یہ مرکز ٹھہرا اس لیے تمام دائرہ کا رخ بھی اس طرف ہوا۔ خواہ دنیا کی کسی جہت میں مسلمان ہوں لیکن ان کا مرکز اسی طرف ہونا چاہیے۔

وحیث ما کنتم فولو وجوھکم شطرہ (144:2)

پھر جس طرح شخصی واعتقادی اور عملی زندگی کے لیے مراکز قرار پائے، ضرور تھا کہ جماعتی اور ملی زندگی کے لیے بھی ایک مرکزی وجود قرار پائے۔ لہذا وہ مرکز بھی قرار دے دیا گیا۔ تمام امت کو اس مرکز کے گرد بطور دائرہ کے ٹھہرایا یا اس کی معیت، اس کی طلب پر لبیک اور اس کی دعوت پر انفاق جان ومال ہر مسلمان کے لیے فرض کر دیا گیا-- ---- ایسا فرض جس کے بغیر وہ جاہلیت کی ظلمت سے نکل کر اسلامی زندگی کی روشنی میں نہیں آسکتا۔ اسلام کی اصطلاح میں اس قومی مرکز کا نام خلیفہ اور امام ہے اور جب تک یہ مرکز اپنی جگہ سے نہیں ہٹتا ہے یعنی کتاب وسنت کے مطابق تو اس کا حکم ہر مسلمان پر اس کی اطاعت واعانت اسی طرح فرض ہے جس طرح خود اللہ اور اس کے رسول کی۔

یا یھا الذین امنوا اطیعوا اللہ واطیعوا الرسول واولی الامر منکم فان تنازعتم فی شیء فردوہ

الی اللہ والرسول ان کنتم تومنون باللہ والیوم الاخر ذلک خیر واحسن تاویلا(59:4)

مسلمانو! اطاعت کرو اللہ کی، اس کے رسول کی اور تم میں جو اولو الامر ہو، اس کی۔ پھر اگر کسی معاملہ میں تم مختلف ہو جاؤ تو چاہیے کہ اللہ اور اس کے رسول کی طرف لوٹو اور اس کے فیصلہ پر متفق ہو جاؤ۔

اس آیت میں بالترتیب تین اطاعتوں کا حکم دیا گیا ہے، اللہ کی، رسول کی اور مسلمانوں میں جو اولو الامر ہو، اس کی۔ اللہ کی اطاعت کتاب اللہ کی اطاعت ہے۔ رسول کی اطاعت سے مقصود سنت قول و فعل ہے۔ باقی رہی اطاعت اولو الامر تو نہایت قوی اور روشن دلیل موجود ہیں کہ اولو الامر سے مقصود مسلمانوں کا خلیفہ و امام ہے جو کتاب و سنت کے احکام نافذ کرنے والا، نظام امت قائم رکھنے والا اور تمام اجتہادی امور میں حکم و سلطان ہے۔

اولا بحکم القرآن یفسر بعضہ بعضا، اولو الامر کی تفسیر خود قرآن ہی کے اندر تلاش کرنی چاہیے۔ اسی سورت میں آگے چل کر یہ لفظ دوبارہ آیا ہے۔

واذاجاء ھم امر من الامن اوالخوف اذاعوابہ ولوردوہ الی الرسول والی اولی الامر منھم لعلمہ الذین یستنبطونہ منھم(83:4)

اور جب کوئی امن یا خوف کی خبر ان تک پہنچتی ہے تو بلا سوچ سمجھے لوگوں میں پھیلا دیتے ہیں حالانکہ اگر وہ اللہ کے رسول کی طرف اور ان لوگوں کی طرف رجوع کرتے ہیں جو ان میں اولو الامر ہیں تو فوراً اصلیت کھل جاتی اور وہ اس خبر کے سچے جھوٹے ہونے کا پتہ لگا لیتے۔

اس آیت میں اس وقتوں کا ذکر کیا گیا ہے جب امن و خوف یعنی صلح و جنگ اور فتح و شکست کی افواہیں ملک میں پھیلتی ہیں اور بے اصل خبروں کی اشاعت سے لوگوں میں

اضطراب اور غلط فہمی پیدا ہو جاتی ہے۔ ایسی صورتیں منافقین اور بعض ضعیف القلب مسلمانوں کی وجہ سے عہد نبوی میں بھی پیش آ جاتی تھی۔ پس فرمایا کہ جب کوئی افواہ سنو تو پہلے اللہ کے رسول اور اولو الامر تک پہنچاؤ تاکہ وہ اس کی صحت و عدم صحت کی تحقیق کر لیں اور خبر کی نوعیت اور راویوں کی حالت پر غور کر کے صحیح نتائج کا استنباط کریں۔ ایسا نہ کرو کہ جہاں کوئی افواہ سنی فوراً اس پر یقین کر لیا اور لوگوں میں پھیلانا شروع کر دیا۔

اب غور کرنا چاہیے کہ اس آیت میں اولوالامر سے مقصود کون لوگ ہو سکتے ہیں یہ ظاہر ہے کہ ذکر امن و خوف کے لیے حالات کا ہے یعنی صلح و جنگ اور فتح و شکست کا۔ ان حالات کا تعلق صرف حکام و امرء ملک ہی سے ہو سکتا ہے، علماء فقہا سے نہیں ہو سکتا۔ معاملہ نظم ملک و قیام امن کا ہے، استنباط مسائل اور حلال و حرام کا نہیں۔ پس لامحالہ تسلیم کرنا پڑے گا کہ اولوالامر سے مقصود وہی لوگ ہیں جن کے سپرد ملک کا انتظام اور جنگ و امن کا نظم و نسق ہوتا ہے اور جو ان خبروں کی تحقیق کر سکتے ہیں۔ یعنی ارباب حکومت و امارت۔

ثانیاً، کتاب و سنت اور صدر اول کے آثار عربیت پر غور کرنے سے معلوم ہوتا ہے کہ لفظ امر جب ایسی ترکیب کے ساتھ بولا جائے جیسا کہ یہاں ہے تو اس کا اطلاق عموماً حکومت و سلطنت ہی کے معنوں پر ہوتا ہے۔ احادیث میں یہ استعمال کثرت سے موجود ہے کہ ایک صاحب نظر کے لیے کسی مزید دلیل کی ضرورت نہیں۔ نیز لغت کی بنا پر بھی ظاہر ہے کہ امر کے معنی حکم کے ہیں اور اولی الامر کے معنی امام بخاری رحمۃ اللہ علیہ نے ذوی الامر کے کئے ہیں یعنی حکم والا اور معلوم ہوا کہ صاحب حکم وہی ہو سکتا ہے جو صاحب حکومت ہو۔

ثالثاً، احادیث صحیح سے ثابت ہے کہ خود یہ آیت جس واقعہ کی نسبت اتری وہ امیر جماعت کی اطاعت ہی کا معاملہ تھا۔ بخاری و مسلم میں ہے۔ عن ابن عباس نزلت فی عبد اللہ بن حذافہ بن قیس بن عدی اذ بعثہ النبی صلی اللہ علیہ والہ وسلم فی سریہ۔ اور امام طبری نے تفسیر میں ایک روایت درج کی ہے کہ یہ آیت عمار بن یاسر اور خالد بن ولید کے باہمی نزاع کے بارے میں اتری۔ خالد امیر تھے اور عمار نے بلا ان کے حکم کے ایک شخص کو مزدوری پر رکھ لیا تھا۔ نزلت فی قصہ حرث لعمار مع خالد وکان خالد امیر افاجار عمار رجلا بغیر امرہ فتخاصما۔

دونوں روایتوں میں ثابت ہوا کہ معاملہ امیر کی اطاعت و عدم اطاعت کا تھا نہ کہ احکام و مسائل کا۔

رابعاً۔ اکثر اقوال مرویہ صحابہ و تابعین سے بھی یہ ہی تفسیر منقول ہوئی ہے بلکہ صدر اول میں صرف یہی تفسیر معلوم تھی۔ بہت سی موشگافیاں جو پیدا کی گئی ہیں، سب بعد کے مفسرین کی طبع زاد ہے حافظ ابن حجر نے ابن عینیہ رحمۃ اللہ علیہ کا قول نقل کیا ہے۔

سنالت زید بن اسلم عنھالم یکن بالمدینہ احد یفسر القرآن بعد محمد ابن کعب مثلہ فقال اقرا ماقبلھا تصرف فقرات ان اللہ بامرکم ان تؤدوا الامانات الی اھلھا واذا حکمتم بین الناس ان تحکموا بالعدل فقال ھذہ فی الولاۃ

یعنی مدینہ میں محمد بن کعب کے بعد زید بن اسلم سے بڑھ کر قرآن کا مفسر نہ تھا۔ میں نے اس آیت کے بارے میں پوچھا تو انہوں نے کہا اس آیت سے ماقبل آیت پڑھو، میں نے پڑھا۔

ان اللہ یامرکم ان نودوا الامنت الی اھلھا واذا حکمتم بین الناس ان تحکموا

بالعدل(58:4)

توانھوں نے کہا کہ مقصود اس سے حکام ہیں، چونکہ پہلے سے ذکر حکومت و قضا کا ہو رہا ہے۔ پس اولوالامر سے مقصود ارباب اقتدار ہیں جو حکومت رکھتے ہوں، طبری نے بسند صحیح حضرت ابوہریرہ اور میمون بن مہران وغیرہ سے نقل کیا ہے۔ "ھم الامراء" اور علامہ ابن حزم نے ان تمام صحابہ و تابعین کو شمار جن سے یہ تفسیر منقول ہے۔ باقی رہا بعض صحابہ و تابعین کا یہ کہنا کہ اولوالامر سے مقصود اہل اور اصحاب نظر ہیں۔ مثلاً جابر بن عبد اللہ کا قول کہ ہم اہل العلم والخیر، اور "مجاہد و عطاء، و ابو العالیہ کا قول کہ "ہم العلماء" تو ان اقوال میں اور اصحاب کی مشہور تفسیر میں کوئی اختلاف نہیں ہے۔ دراصل اسلام کا نظام حکومت و جماعت تو یہی تھا کہ حکومت و ولایت کا منصب تمام شرعی و علمی قوتوں سے مرکب ہوا اور اس وقت تک قوتوں کے انتشار اور مناصب کے تفرقہ کی بنیاد نہیں پڑی تھی۔ پس جو شخص والی ملک اور حاکم مسلمین ہوتا تھا۔ وہ بدرجہ اولی عالم و فقیہہ بھی ہوتا تھا۔ پس جن صحابہ و تابعین نے اولوالامر کی تفسیر میں علم و خیر کا ذکر کیا ہے تو انہوں نے واقعی بہت صحیح تفیسر کو گویا ظاہر کر دیا کہ مسلمانوں کا اولوالامر ایسے ہی افراد کو ہونا چاہیے جو اہل علم و خیر ہوں۔ مگر اس سے یہ کہاں ثابت ہوا کہ اولوالامر سے مقصود علماء و فقہا کا وہ مخصوص گروہ مراد ہے۔ جو اسالم کی جماعت کے انقراص کے بعد پیدا ہوا اور جس کا صدر اول کے مفسرین کو وہم و گمان بھی نہ ہوا ہو گا۔ امام ابن جریر رحمۃ اللہ علیہ نے عکرمہ کا ایک قول نقل کیا کہ اولوالامر سے مراد ابو بکر و عمر ہیں۔ اس سے بھی ان کا مقصود یہی ہے کہ اولو الامر ہی مسلمانوں کا خلیفہ و امام ہو سکتا ہے۔ جیسے ابو بکر رضی اللہ تعالیٰ عنہ اور عمر رضی اللہ تعالیٰ۔

اصل یہ ہے کہ قرآن و سنت ایک قانون ہے لیکن قانون بالکل بیکار ہے، اگر کوئی

قوت نافذہ نہ ہو یعنی اس قانون پر عمل کرانے والی قوت اور ظاہر ہے کہ جب قوت نافذہ ہو گی تو اس کے بعد لامحالہ قوت مقننہ کی اطاعت ہو گی۔ ایک دیہاتی تک جانتا ہے کہ گورنر اور نائب السطنت کی اطاعت عین بادشاہ کی اطاعت ہے بلکہ ایک سپاہی کی اطاعت بھی عین بادشاہ اور قانون کی اطاعت ہے اور اس سے مقابلہ کرنا عین بادشاہ اور قانون سے بغاوت کرنا ہے۔ یہ ساری بحثیں اس لیے پیدا ہوئیں کہ اسلام کے جماعتی نظام کی اہمیت پر نظر نہ گئی۔ اگر یہ حقیقت پیش نظر ہوتی کہ شریعت کا نفاذ اور امت کے قوام و انضمام کے لیے ایک مرکزی اقتدار ضروری ہے اور وہ امام اور اس کا نائب اور امراء ہیں۔ تو اولوالامر کا مطلب بالکل صاف تھا۔ کسی کاوش اور بحث کی ضرورت ہی نہ تھی۔

فان تنازعتم سے یہ حقیقت بھی واضح ہو گئی کہ اسلامی خلیفہ کا وجود مسیحی پوپ سے کسی درجہ مختلف ہے جو اسلام کے نزدیک ارباب من اللہ میں داخل ہے مسیحیت کا خلیفہ دراصل ارضی خلیفہ نہیں بلکہ آسمانی فرمانروا ہے جو مذہب کی آخری طاقت اپنے قبضہ میں رکھتا ہے لیکن اسلامی خلافت، ارضی یعنی حکومت و سلطنت ہے۔ وہ صرف شریعت و امت کا حفاظت کرنے والا اور احکام شریعت نافذ کرنے والا ہے یعنی محض ایک قوت نافذہ ہے نہ کہ مقننہ۔ اس کی ذات کو اصل شریعت اور اس کے احکام میں کوئی دخل نہیں۔

اگر ایسا نہ ہوتا تو فردوہ الی اللہ والرسول نہ فرمایا جاتا یعنی اگر کوئی ایسی صورت پیش آ جائے کہ جس میں نزاع و اختلاف پیدا ہو تو پھر اس کے آخری فیصلہ کی اطاعت خلیفہ کا حکم نہیں بلکہ اولی و محمود حقیقی کو حق ہے کہ فیصلہ کریں یعنی قرآن و سنت کو فیصل مانا جائے گا اور قوت فیصلہ ان کو حاصل ہو گی اور خود فیصلہ بھی۔ اس کی اطاعت کے لیے مرکز مجبور ہے جس طرح جماعت امت کا ایک فرد۔ یہی وجہ ہے اطیعوا اللہ کے بعد اطیعوا الرسول میں تو فعل اطیعوا کا اعادہ کیا گیا مگر اولوالامر میں نہیں کہا گیا۔ یعنی وہاں اطیعوا اولی الامر

نہیں فرمایا بلکہ اولو الامر فرمایا اور فعل کو ترک کر دیا گیا تاکہ واضح ہو جائے کہ اصل اطاعت جو مطلوب ہے، وہ صرف اللہ کی ہے اور اس کے رسول کی یعنی کتاب وسنت کی۔ اور اولو الامر کی اطاعت صرف اس لیے ہے کہ تاکہ کتاب وسنت کی اطاعت کی جائے بلاستقلال نہیں ہے۔ پھر فان تنازعتم کہہ کر زیادہ واضح کر دیا۔ کہ اولو الامر کتاب وسنت کے خلاف کوئی حکم دیں تو اس حکم میں ان کی اطاعت نہیں ہے۔ بلکہ اللہ اور اللہ کے رسول کی طرف لوٹنا ہو گا یعنی کتاب وسنت کی جانب۔ غرضیکہ اس آیت کریمہ میں قرآن نے اس قانون شریعت کا اعلان کیا ہے کہ خلیفہ وامام کی اطاعت مسلمانوں پر فرض ہے اور اس کا وجود نظام جماعت کے مرکزی اقتدار کا مالک کیوں کہ کسی جماعت کی جماعتی زندگی بغیر کسی مرکزی قوت کے ناممکن ہے۔ تم پانچ آدمیوں کی بھی کوئی مجلس منعقد کرتے ہو تو سب سے پہلے ایک پریذیڈنٹ کا انتخاب کرتے ہو کہ جب تک کسی کو صدر نہ مان لیں گے، پانچ آدمیوں کی مجلس بھی کوئی صحیح کام نہیں کر سکے گی۔ فوج ترتیب دیتے ہوئے تو دس آدمیوں کو بھی بغیر ایک افسر کے نہیں چھوڑتے اور اس کی اطاعت ماتحتوں کے لیے فرض سمجھتے ہو اور یقین کرتے ہو کہ بغیر اس کے فوج کا نظام باقی نہیں رہ سکتا۔ پانچ دس آدمی بھی اگر بغیر امیر کے کام نہیں سکتے تو قومیں کیوں کر بلا امیر اپنے فرائض انجام دے سکتی ہیں۔ اس سے بھی سادہ مثال یہ ہے کہ اپنے اپنے گھروں اور خاندانوں کو دیکھو، خود تمہارا گھر بھی ایک چھوٹی سی آبادی ہے۔ اگر بیوی تمہارا حکم نہ مانے تو تم کیوں بگڑتے ہو۔ اگر گھر کے لوگ تمہارے کہنے پر نہ چلیں تو تم کیوں لڑتے ہو۔ تم کہتے ہو کہ فلاں گھر میں امن و نظام نہیں، روزانہ خانہ جنگی ہوتی رہتی ہے۔ یہ سب کچھ کیوں ہے نہ صرف اس لیے کہ کوئی جماعت امن و نظم پا نہیں سکتی جب تک اس کا کوئی امیر نہ ہو۔ گھر اور خاندان بھی ایک چھوٹی سی جماعت ہے۔ تم گھر کے بڑے ہو یعنی

امیر پس گھر کی عافیت اور انتظام و کامیابی اس پر موقوف ہے کہ سب تمہاری سنیں اور تمہارے کہنے پر چلیں تو پھر اسلام بھی یہی کہتا ہے کہ اقوام عالم کا نظم وضبط اس وقت تک ہو نہیں سکتا جب تک کہ ایک امیر و صدر خلیفہ و حاکم مرکزی نہ ہو اور اس کی اطاعت نہ کی جائے۔

لیکن یہاں یہ بات یاد رکھنے کے قابل ہے کہ اقتداء واطاعت میں فرق ہے۔ لوگوں نے ہمیشہ ان کے سمجھنے میں غلطی کی ہے۔ اور افراط و تفریط میں پھنس کر بڑے بڑے فتنے برپا کئے۔ معتزلہ و خوارج نے سمجھا کہ جب خلیفہ اور اس کے حکام کے خلاف تنقید اور روک ٹوک جائز ہے تو ان کی اطاعت سے روگردانی کر کے بغاوت پھیلانا بھی جائز ہے۔ چنانچہ اسی بنا پر انہوں نے ہمیشہ خلفاء کی اطاعت سے بغاوت و خروج کیا اور سینکڑوں فتنوں کا باعث بنے۔ ان کے مقابلے میں فقہاء و علماء سوء کی ایک جماعت اٹھی اور انہوں نے سمجھا کہ خلفاء امراء کی اطاعت واجب ہے اور اس کی خلاف ورزی گناہ ہے تو ان پر تنقید کرنا اور ان کے مظالم شدیدہ کے خلاف احتجاج کرنا بھی گناہ ہے۔ لہذا امراء و حکام کے اعمال خواہ کتنے ہی برے ہوں ہمیں چپ بیٹھ کر تماشہ دیکھنا چاہیے بلکہ ان کی اعانت کرنا فرض ہے کیوں کہ یہ بھی اطاعت امیر ہے اور اطاعت امیر فرض ہے۔ لہذا امراء کے جور و جفا کے لیے میدان ہموار ہو گیا اور جب کبھی کسی ایک آدھے عالم ربانی نے امر بالمعروف و نھی عن المنکر کا سلسلہ شروع کیا اور افضل الجهاد کلمة الحق عند سلطان جائز۔ پر عمل کرنا شروع کیا تو سب سے پہلے اس کی مخالفت علماء ہی کی جانب سے کی گئی کہ یہ اطاعت امیر کا منکر ہے لہذا باغی و خارجی ہے۔ یوں غلط فتوے دے کر سلاطین کے جور وستم کے لیے جواز مہیا کیا گیا۔ حقیقت یہ ہے کہ اگر پہلے گروہ نے تفریط اختیار کی اور ترک اقتداء پر ترک اطاعت کو بھی قیاس کیا اور اطاعت امیر کے باب میں تنگ ظرفی کا

ثبوت دیا اور طرح طرح کے فتنے برپا کئے۔۔۔تو دوسرے فرقہ نے بھی افراط سے کام لے کر وجوب اطاعت پر وجوب اقتداء کو قیاس کیا اور آزادی امراء کا باعث بنے چنانچہ دونوں نے امت میں فتنے کے دروازے کھولے، پہلے گروہ کے ذریعے سے ہمیشہ بغاوتوں کا سلسلہ شروع ہوا اور ملک کے امن و امان کو ہر وقت خطرہ لاحق رہا اور دوسرے گروہ کے ذریعے سے امراء سلاطین کا دست نظم آزاد ہو گیا اور ہمیشہ علماء حق کی گردنوں پر ان کی تلوار بے نیام رہی اور اس وجہ سے ہزاروں علماء حق کا خون بہایا گیا۔ درحقیقت اس فتنہ کے مضر اثرات پہلے فتنے سے کہیں زیادہ تھے۔ مسئلہ کی حقیقت یہ ہے کہ خلیفہ یا امیر وقت کی اطاعت سے مراد ہے اس کے حکم کو ماننا اور اس پر عمل کرنا اور بے شک یہ فرض ہے اور اس کا تارک مجرم لیکن اقتداء اطاعت سے الگ چیز ہے۔

اقتداء کا مطلب ہے کہ خلیفہ و بادشاہ کے ہر حکم و قانون کو جائز سمجھا جائے اور اس کے خلاف کوئی آواز نہ اٹھائی جائے کہ یہ حکم یا یہ قانون غلط ہے لہذا اس کو مٹانا اور بدلنا ضروری ہے۔ پس جو قانون یا حکم خلیفہ یا بادشاہ یا ان کے کسی نائب کی طرف سے جاری ہوا ہو اس پر عمل کیا جائے لیکن اگر وہ غلط ہے تو اس کی غلطی کو ظاہر کیا جائے۔ خلیفہ کو بھی آگاہ کیا جائے کہ یہ غلط ہے، اس کو بدلنا اور عوام میں بھی اس کے خلاف نفرت پھیلانا اور اس کے غلط ہونے کا ذہن پیدا کرنا ضروری ہے اور یہی امر بالمعروف اور نہی عن المنکر کا امتثالی امر ہے اور اس کے حکم کی تعمیل ہے۔ پس اطاعت فرض و ضروری ہے اور اقتداء خلاف شرع امور میں ناجائز ہے اور منع ہے۔

حواشی

البخاری: کتاب الایمان 52

ترمذی: ابواب الایمان 2627

البخاری کتاب التفسیر حدیث:4584

فتح الباری 8/254: طبری تفسیر 4/94

ابوداؤد: کتاب الملاحم 2/249، ترمذی: ابواب الفتن 2/90

**

جغرافیائی مرکزیت

کوئی قوم زندہ نہیں رہ سکتی جب تک اس کا کوئی ارضی مرکز نہ ہو۔ کوئی تعلیم باقی نہیں رہ سکتی جب تک اس کی ایک قائم و جاری درس گاہ نہ ہو۔ کوئی دریا جاری نہیں رہ سکتا جب تک ایک محفوظ سرچشمہ سے اس کا لگاؤ نہ ہو۔

نظام شمسی کا ہر ستارہ روشنی اور حرارت صرف اپنے مرکز شمسی ہی سے حاصل کرتا ہے، اسی کی بالاتر جاذبیت ہے جس نے یہ پورا معلق کارخانہ سنبھال رکھا ہے۔

اللہ الذی رفع السموت بغیر عمد ترونھا ثم استوی علی العرش وسخر الشمس والقمر کل یجری لاجل مسمی (2:13)

یہ اللہ ہی ہے جس نے آسمانوں کو بلند کر دیا اور تم دیکھ رہے ہو کہ کوئی ستون انہیں تھامے ہوئے نہیں، پھر وہ اپنے تخت (حکومت) پر نمودار ہوا (یعنی مخلوقات میں اس کے احکام جاری ہو گئے) اور سورج اور چاند کو کام پر لگا دیا کہ ہر ایک اپنی ٹھہرائی ہوئی میعاد تک (اپنی اپنی راہ) چلا جا رہا ہے۔ وہی (اس تمام کارخانہ خلقت کا) انتظام کر رہا ہے اور (اپنی قدرت و حکمت کی) نشانیاں الگ الگ کر کے بیان کر دیتا ہے تاکہ تمہیں یقین ہو جائے کہ (ایک دن) اپنے پروردگار سے ملنا ہے۔ ان بے شمار مصلحتوں اور حکمتوں کی بنا پر جن کی تشریح کا یہ موقع نہیں، اسلام نے اس غرض سے سرزمین حجاز کو منتخب فرمایا۔ یہی ناف زمین کی آخری اور دائمی ہدایت وسعادت کے لیے مرکزی سرچشمہ اور روحانی درس گاہ قرار پائی اور چوں کہ سرزمین حجاز جزیرہ عرب میں واقع تھی، وہی اسلام کا اولین

موطن رہی۔ اس کا سب سے پہلا یہی سرچشمہ تھا اس لیے ضرور تھا کہ اسلامی مرکز کے قریبی گردو پیش کا بھی وہی حکم ہوتا ہے جو اصل مرکز کا تھا۔ لہذا یہ تمام سرزمین بھی جو حجاز کی وادی غیر ذی زرع کو گھیرے ہوئے ہے، اس حکم میں داخل ہوگئی۔

ذلک تقدیر العزیز العلیم (38:36)

مرکزی ارض سے مقصود یہ ہے کہ اسلام کی دعوت ایک عالمگیر اور دنیا کی بین المللی دعوت تھی۔ وہ کسی خاص ملک اور قوم میں محدود نہ تھی۔ مسلمانوں کی قومیت کے اجزاء تمام کرہ ارض میں بکھر جانے اور پھیل جانے والے تھے۔ پس ان بکھرے ہوئے اجزاء کو ایک دائمی متحدہ قومیت کی ترکیب میں قائم رکھنے کے ضروری تھا کہ کوئی ایک مقام ایسا مخصوص کر دیا جاتا جو ان تمام متفرق و منتشر اجزاء کے لیے اتحاد و انضمام کا مرکزی نقطہ ہوتا۔ سارے بکھرے ہوئے اجزاء وہاں پہنچ کر سمت جاتے۔ تمام پھیلی ہوئی شاخیں وہاں اکٹھی ہو کر جڑ جاتیں۔ ہر شاخ کو اس جڑ سے زندگی ملتی ہے، ہر نہر اس سرچشمہ سے سیر اب ہوتی، ہر ستارہ اس سورج سے روشنی اور گرمی لیتا، ہر دوری اس سے قرب پاتی، ہر فصل کو اس سے مواصلات ملتی اور ہر انتشار کو اس سے اتحاد و یگانگی حاصل ہوتی۔ تاکہ وہی مقام تمام امت کی تعلیم وہدایت کے لیے ایک وسطی درس گاہ کا کام دیتا۔ وہی تمام کرہ ارض کی پھیلی ہوئی کثرت کے لیے نقطہ وحدت ہوتا۔ ساری دنیا ٹھنڈی پڑ جاتی پر اس کا تنور کبھی نہ بجھتا۔ ساری دنیا تاریک ہو جاتی مگر اس کی روشنی گل نہ ہوتی۔ اگر تمام دنیا اولاد آدم کے باہمی جنگ و جدال اور فتنہ وفساد سے خونریزی کا دوزخ بن جاتی، پھر بھی ایک گوشہ قدس ایسا رہتا جو ہمیشہ امن و صحت کا بہشت ہوتا اور انسانی فتنہ وفساد کی پرچھائیں بھی وہاں نہ پڑ سکتیں۔

اس کا ایک چپہ مقدس ہوتا، اس کا ایک ایک کونہ خدا کے نام پر محترم ہوتا۔ اس کا

ایک ایک ذرہ اس کے جلال وقدوسیت کا جلوہ گاہ ہوتا۔ خونریز اور سرکش انسانہر مقام کو اپنے ظلم وفساد کی نجاست سے آلود کر سکتا۔ پر اس کی فضاء مقدس ہمیشہ پاک و محفوظ رہتی اور جب زمین کے ہر گوشے میں انسانی سرکشی اپنی مجرمانہ خداوندی کا اعلان کرتی وہاں خدا کی سچی عبادت کا تخت عظمت و جلال بچھ جاتا اور اس کا ظل عاطفت تمام بندگان حق کو اپنی طرف کھینچ بلاتا۔

دنیا پر کفر و شرک کے جماؤ اور اٹھان کا کیسا ہی سخت اور برا وقت آجاتا مگر سچی توحید اور بے حیل خدا پرستی کا وہ ایک ایسا گھر ہوتا جہاں خدا اور اس کی صداقت کے سوا نہ کسی خیال کی پہنچ ہوتی نہ کسی صدا کی گونج اٹھ سکتی۔ وہ انسان کی پچھلی نسل کے لیے ایک مشترک اور عالمگیر گھر ہوتا۔ کٹ کٹ کر قومیں وہاں جڑتیں اور بکھر بکھر کے نسلیں وہاں سمٹتیں، پرند جس طرح اپنے آشیانوں کے طرف اڑتے ہیں اور پروانوں کو تم نے دیکھا کہ روشنی کی طرف دوڑتے ہیں۔ ٹھیک اسی طرح انسانوں کے گروہ اور قوموں کے قافلے اس کی طرف دوڑتے اور زمین کی خشکی و تری کی وہ ساری راہیں جو اس تک پہنچ سکتیں وہ ہمیشہ مسافروں اور قافلوں سے بھری رہتیں۔۔۔۔

دنیا بھر کے زخمی دل وہاں پہنچتے اور شفا اور تندرستی کا مرہم پاتے۔ بے قرار و مضطرب روحوں کے لیے اس کے آغوش گرم میں آرام وسکون کی ٹھنڈک ہوتی۔ گناہوں کی کثافتوں سے آلودہ جسم وہاں لائے جاتے اور محرومی اور نامرادی کی مایوسیوں سے گھائل دل چیختے اور تڑپتے ہوئے اس کی جانب دوڑتے، تو اس کی پاک ہوا امید و مراد کی عطر بیزی سے مشک بار ہو جاتی۔ اس کے پہاڑوں کی چوٹیاں خدا کی محبت و بخشش کے بادلوں میں چھپ جاتیں اور اس کی مقدس فضا میں رحمت کے فرشتے غول در غول اتر کر اپنی معصوم مسکراہٹ اور اپنے پاک نغموں کے ساتھ مغفرت اور قبولیت کی

بشارتیں بانٹتے۔

شاخوں کی شادابی جڑ پر موقوف ہے۔ درختوں کی اگر جڑ سلامت ہے تو شاخوں اور پتوں کے مرجھا جانے سے باغ اجڑ نہیں سکتا۔ دس ٹہنیاں کاٹ دی جائیں گی تو بیس نئی نکل آئیں گی۔ اس طرح قوم کا مرکز ارضی اگر محفوظ ہے تو اس کے بکھرے ہوئے ٹکڑوں کی بربادی سے قوم نہیں مٹ سکتی۔ سارے ٹکڑے مت جائیں، اگر مرکز باقی ہے تو پھر نئی نئی شاخیں بھی پھوٹیں گی اور نئی نئی زندگیاں بھی ابھریں گی۔ پھر جس طرح مسلمانوں کے مجموعی دائرہ کے لیے خلیفہ و امام کے وجود کو مرکز ٹھہرایا گیا، اسی طرح ان کی ارضی وسعت و انتشار کے لیے عبادت کدہ ابراہیمی کا کعبۃ اللہ اس کی سرزمین حجاز اور اس کا ملک جزیرہ عرب، دائمی مرکز قرار پایا۔ یہی معنی ان آیات کریمہ کے ہیں کہ:۔

جعل اللہ الکعبۃ البیت الحرام قیماً للناس (97:5)

اللہ نے کعبہ کو اس کا محترم گھر بنایا اور انسانوں کے بقاو قیام کا باعث ٹھہرا۔

واذ جعلنا البیت مثابۃ للناس وامنا (125:2)

اور جب ایسا ہوا کہ ہم نے خانہ کعبہ کو انسانوں کے لیے اجتماع کا مرکز اور امن کا گھر بنایا اور

و من دخلہ کان امنا (97:3)

جو اس کی حدود کے اندر پہنچ گیا، اس کے لیے کسی طرح کا خوف اور ڈر نہیں۔

اور یہی علت تھی تحویل قبلہ کی، نہ وہ جو کہ لوگوں نے سمجھی۔

وحیث ما کنتم فولوا وجوھکم شطرہ (144:2)

اور تم کہیں بھی ہو لیکن چاہیے کہ اپنا رخ اسی جانب رکھو۔

کیوں کہ جب یہی مقام ارضی مرکز قرار پایا تو تمام اقوام کے لیے لازمی ہوا کہ

جہاں کہیں بھی ہوں، رخ ان کا اسی طرف رہے اور دن میں پانچ مرتبہ اپنے قومی مرکز کی طرف متوجہ ہوتے رہیں اور یاد رہے کہ من جملہ بے شمار مصالح و حکم کے ایک بڑی مصلحت فریضہ حج میں یہ بھی ہے کہ اس نے ساری امت تمام کرہ ارضی اور تمام اقوام عالم کو اس نقطہ مرکز سے دائمی پیوستگی بخش دی۔

واذن فی الناس بالحج یاتوک رجالا و علی کل ضامر یاتین من کل فج عمیق (27:22)

اور لوگوں میں حج کا اعلان کر دو۔ پھر ایسا ہوگا کہ ساری دنیا کو یہ گوشہ برکت کھینچ بلائے گا۔ لوگوں کے پیادے اور سوار قافلے دور دور سے یہاں پہنچیں گے۔

اس مرکز کے قیام و بقا کے لیے سب سے پہلے بات یہ ہے کہ دائمی طور پر اس کو صرف اسلام کے لیے مخصوص کر دیا جائے۔ جب تک یہ خصوصیت قائم نہ کی جاتی، امت کے لیے اس مرکزیت کے مطلوبہ مقاصد و مصالح حاصل نہ ہوتے۔

چنانچہ اسی بنا پر مسلمانوں کو حکم دیا گیا۔ انما المشرکون نجس فلایقربو المسجد الحرام بعد عامھم ھذا (28:9)

مسجد حرام کے حدود صرف توحید کی پاکی کے لیے مخصوص ہیں۔ اب آئندہ کوئی غیر مسلم اس کے قریب بھی نہ آنے پائے یعنی نہ صرف یہ کہ وہاں غیر مسلم نہ آئیں بلکہ کسی حال میں داخل نہ ہوں۔

جمہور اہل اسلام نے اتفاق کیا کہ مسجد الحرام سے مقصود صرف احاطہ کعبہ ہی نہیں ہے بلکہ تمام سرزمین حرم ہے اور دلائل و مباحث اس کے اپنے مقام پر درج ہیں۔ اس طرح احادیث صحیحہ و کثیرہ سے جو حضرت علی رضی اللہ تعالیٰ عنہ، سعد بن وقاص رضی اللہ تعالیٰ عنہ، جابر رضی اللہ تعالیٰ عنہ، ابوہریرہ رضی اللہ تعالیٰ عنہ، عبداللہ بن زید رضی اللہ تعالیٰ عنہ، رافع بن خدیج رضی اللہ تعالیٰ عنہ، سہل بن حنیف رضی اللہ تعالیٰ عنہ وغیرہ

ہم اجلہ صحابہ سے مروی ہیں، ثابت ہو چکا ہے کہ مدینہ کی زمین بھی مثل مکہ کے حرم ہے اور عیر و ثور اس کے حدود ہیں۔

المدینہ حرم مابین عیر الی ثور۔ اخرجہ الشیخان اور روایت سعد کہ: انی حرم مابین لابتی المدینہ ان یقطع عضاھما اوریقتل صیدھا۔ رواہ مسلم اور روایت انس رضی اللہ تعالیٰ عنہ متفق علیہ کہ

اللھم ان ابراھیم حرم مکۃ وانی احرم مابین لابیتھا۔

خدایا ابراہیم علیہ السلام نے مکہ کو حرم ٹھہرایا، میں مدینہ کو حرم ٹھہراتا ہوں۔ یہ احکام تو خاص اس مرکز کی نسبت تھے۔ باقی رہا اس کا گردوپیش یعنی جزیرہ عرب تو گو اس کے لیے اس قدر اہتمام کی ضرورت نہ تھی، تاہم اس کا خالص اسلامی ملک ہونا ضروری تھا تاکہ اسلامی مرکز کا گردوپیش اور اس کا مولد و منشا ہمیشہ غیروں کے اثر سے محفوظ رہے۔

اسلام کا جب ظہور ہوا تو علاوہ مشرکین عرب کے یہود و نصاریٰ کی بھی ایک بڑی جماعت جزیرہ عرب میں آباد تھی۔ مدینہ میں متعدد یہودیوں کے قبیلے تھے۔ خیبر میں انہی کی ریاست تھی۔ یمن میں نجران عیسائیوں کا بہت بڑا مرکز تھا۔ مدینہ میں آپ کی زندگی ہی میں یہودیوں سے سرزمین خالی ہو گئی۔ آخری جماعت جو مدینہ سے خارج کی گئی، بنو قینتقاع اور بنو حارثہ کا گروہ تھا۔ امام مسلم نے ابن عمر کا قول نقل کیا ہے۔

ان یھود بنی النضیر و قریظۃ حاربوا رسول اللہ صلی اللہ علیہ وسلم فاجلی بنی النضیر واقر قریظۃ و من علیھم حتی حاربت قریطہ فقتل رجالھم وقسم اولادھم ونساء ھم واموالھم بین المسلمین الا بعضھم لحقوا برسول اللہ فامنھم واسلموا واجلی یھود المدینہ کلھم بنی قینقاع وھم قوم عبد اللہ بن سلام یھود بنی حارثۃ وکل یھودی کان بالمدینہ۔

بخاری و مسلم میں اس آخری اخراج کا واقعہ بروایت حضرت ابوہریرہ رضی اللہ تعالیٰ

عنہ سے مروی ہے۔ آپ صحابہ کو ساتھ لے کر یہودیوں کی تعلیم گاہ میں تشریف لے گئے اور فرمایا۔ یا معشر الیھود! اسلموا تسلموا۔ اسلام قبول کرو، نجات پاؤ گے پھر فرمایا۔ اعلموا ان الارض للہ ورسولہ وانی ارید ان اجلیکم من ھذاالارض فمن وجد منکم بمالہ شینافلیبعہ والا علموا ان الارض للہ ورسولہ۔ میں نے ارادہ کر لیا ہے کہ تم کو اس ملک سے خارج کر دوں۔ پس اپنا مال و متاع فروخت کرنا چاہو تو کر لو ورنہ جان رکھو کہ اس ملک کی حکومت صرف اللہ اور اس کے رسول ہی کے لیے ہے۔

جب آپ دنیا سے تشریف لے گئے تو دو مقام ایسے رہ گئے تھے جہاں سے یہود و نصاریٰ کا اخراج نہ ہو سکا۔ خیبر اور نجران۔ پس آپ صلی اللہ علیہ والہ وسلم نے وصیت فرمائی کہ آئندہ جزیرہ عرب صرف اسلام کے لیے مخصوص کر دیا جائے جو غیر مسلم اس ملک میں باقی رہ گئے ہیں، وہ خارج کر دیئے جائیں۔ امام بخاری نے باب باندھا ہے۔

اخراج الیھود من جزیرۃ العرب۔ اس میں پہلی روایت یہود و مدینہ کے اخراج کی لائے ہیں جو اوپر گذر چکی ہے۔ دوسری روایت حضرت ابن عباس کی ہے۔ آنحضرت صلی اللہ علیہ والہ وسلم نے مرض الموت میں تین باتوں کی وصیت فرمائی تھی۔ ایک یہ تھی۔ اخرجوالمشرکین من حزیرۃ العرب۔ حافظ ابن حجر لکھتے ہیں۔ اقتصر علی ذکر الیھود الآنھم یوحدون اللہ تعالیٰ الا القلیل منھم ومع ذالک امر باخراجھم فیکون اخراج غیرھم من الکفار بطریق الاولی۔ (فتح الباری 6/326) یعنی امام بخاری نے عنوان باب میں صرف یہود کا ذکر کیا ہے۔ اس میں استدلال یہ ہے کہ تمام غیر مسلم اقوام میں یہودی سب سے زیادہ توحید کے قائل ہیں۔ ان کو خارج کیا گیا تو دیگر مذاہب کے اخراج کا وجوب بدرجہ اولی ثابت ہو گیا۔ پس حاجت تصریح نہیں!!

حضرت عمر رضی اللہ تعالیٰ عنہ کی حدیث میں یہود و نصاریٰ کا لفظ ہے۔

لاخرجن الیھود والنصاریٰ من جزیرۃ العرب حتی لاادع الا مسلما۔

ابو عبیدہ بن جراح رضی اللہ تعالیٰ عنہ سے امام احمد نے روایت کیا ہے۔

کان آخرما تکلم بہ رسول اللہ صلی علیہ وسلم اخرجوا ابھود اھل الحجاز واھل نجران من جزیرۃ العرب

حضرت عائشہ رضی اللہ تعالیٰ عنہما صدیقہ کی روایت میں اس کی علت بھی واضح کر دی ہے۔

آخرما عھد رسول اللہ صلی اللہ علیہ وسلم ان قال لایترک بجزیرۃ العرب دینان۔

یعنی سب سے آخری وصیت رسول اللہ کی ہی تھی کہ جزیرہ عرب میں دو دین جمع نہ ہوں بلکہ یہ صرف اسلام ہی کے لیے خاص جائے۔ امام مالک نے موطا میں عمر بن عبدالعزیز اور ابن شہاب کے مراسل نقل کئے ہیں اور مصمودی وغیرہم نے بھی باب باندھا ہے۔

اخراج الیھود والنصاریٰ من جزیرۃ العرب عمر بن عبدالعزیز کی روایت میں ہے۔

کان من آخرما تکلم بہ رسول اللہ صلی اللہ علیہ وسلم ان قال قاتل اللہ الیھود والنصاری اتخذوا قبور انبیا ئھم مساجد الالایقین دینان بارض العرب

اور ابن شہاب کا نقطہ ہے

لایجتمع دینان فی جزیرۃ العرب

حضرت عمر بن عبدالعزیز نے آخر تکلم قاتل اللہ الیھود والنصاری جو یہ نقل کیا ہے تو حضرت عائشہ رضی اللہ تعالیٰ عنہما سے صحیحین وغیرہا میں بطریق رفع بھی ثابت ہے۔

حافظ نووی نے گو امام بخاری کا اتباع کیا اور اجلا الیھود کا باب استدلالا کافی سمجھا لیکن حافظ منذری نے تخلیص مسلم میں اخراج الیھود والنصاری من جزیرۃ العرب کا الگ باب

باندھ کر جزیرہ عبر والی روایتیں روایات اجلاء یہود سے الگ کر دی ہیں۔ یہ وصیت نبوی علاوہ طریق بالا کے مسند امام احمد، مسند حمیدی، سنن بیہقی وغیرہ میں بھی مختلف طریقوں سے مروی ہیں اور ان سب کا مضمون متحد اور باہم دگر اجمال و تبیین اور اعتقاد و تقویت کا حکم دیتا ہے۔

احکام شرعیہ دو قسم کے ہیں، ایک قسم ان احکام کی ہے جن کا تعلق افراد کی اصلاح و تزکیہ سے ہوتا ہے جیسے تمام اوامر و نواہی اور فرائض و واجبات، دوسرے وہ ہیں جن کا تعلق افراد سے نہیں بلکہ امت کے قومی اور اجتماعی فرائض اور ملکی، سیاسیات سے ہوتا ہے جیسے فتح ممالک اور قوانین سیاسیہ وملکیہ۔

سنت الٰہی یوں واقع ہوئی ہے کہ پہلی قسم کے احکام خود شارع کی زندگی ہی میں تکمیل تک پہنچ جاتے ہیں اور وہ دنیا نہیں چھوڑتا مگر ان کی تکمیل کا اعلان کر کے لیکن دوسری قسم کے لیے ایسا ہونا ضروری نہیں۔ کچھ احکام ایسے ہوتے ہیں جن کے نفاذ اور وقوع کے لیے ایک خاص وقت مطلوب ہوتا ہے اور وہ شارع کے بعد بتدریج تکمیل و تنفیذ پاتے ہیں۔ پس ان کی نسبت یا تو بطریق پیش گوئی کے خبر دی جاتی ہے یا اپنے جانشینوں کو وصیت کر دی جاتی ہے۔ یہ معاملہ اسی دوسری قسم میں تھا کہ اس کا پورا پورا نفاذ آنحضرت صلی اللہ علیہ والہ وسلم کی حیات طیبہ میں ممکن نہ تھا۔ اگرچہ آپ صلی اللہ علیہ والہ وسلم نے یہود مدینہ کے اخراج کا عملاً نفاذ شروع کر دیا اور یہود خیبر سے ابتداء میں شرط کر لی تھی کہ جب ضرورت ہوگی اس سرزمین سے خارج کر دیے جاؤ گے۔

پھر تکمیل کے لیے اپنے جانشینوں کو وصیت فرما دی۔ چنانچہ حضرت عمر رضی اللہ تعالیٰ عنہ کے زمانے میں تکمیل کا وقت آگیا اور یہود خیبر نے طرح طرح کی شرارتیں اور نافرمانیاں کر کے خود ہی اس کا موقع بہم پہنچا دیا۔ پس حضرت عمر رضی اللہ تعالیٰ عنہ نے

اس وصیت کی تحقیق کی اور جب پوری طرح تصدیق ہو گئی تو تمام صحابہ کو جمع کر کے اعلان کر دیا۔ سب نے اتفاق کیا اور یہود خیبر وفدک سے نکال دیے گئے۔ اس طرح نجران سے بھی عیسائیوں کا اخراج عمل میں آیا۔ امام زہری نے ابن عتبہ سے اور امام مالک نے ابن شہاب سے روایت کیا ہے۔

مازال عمر حتی وجد الثبت عن رسول اللہ انہ قال لا یجتمع لجزیرہ العرب دینان فقال من کان لہ من اھل الکتابین عھد فلیات بہ انفذ والا فانی اجلیکم فاجلاھم اخرجہ ابن ابی شیبہ

امام بخاری نے یہود خیبر کے اخراج کا واقعہ کتاب الشروط کے باب اذا اشرط فی المزارعۃ اذاشئت اخرجتک میں درج کیا ہے اور ترجمہ میں استدلال ہے کہ یہود خیبر کا تقرر پہلے ہی سے عارضی و مشروط تھا، بالاستقلال نہ تھا۔ حافظ عسقلانی لکھتے ہیں حضرت عمر رضی اللہ تعالیٰ عنہ کے اجلاء کردہ اہل کتاب کی تعداد چالیس ہزار منقول ہے۔

پس صاحب شریعت کے قول و عمل، ان کے آخریں لمحات حیات کی وصیت، حضرت عمر رضی اللہ تعالیٰ عنہ کی تحقیق و تصدیق۔ تمام صحابہ کے اجماع و اتفاق سے یہ بات ثابت ہو گئی کہ اسلام نے ہمیشہ کے لیے جزیرہ عرب کو صرف اسلامی آبادی کے لیے مخصوص کر دیا ہے الا یہ کہ کسی مصلحت سے خلیفہ وقت عارضی طور پر کسی گروہ کو داخل ہونے کی اجازت دے دے اور ظاہر ہے کہ وہاں غیر مسلموں کا قیام اور دو دینوں کا اجتماع شریعت کو منظور نہیں تو غیر مسلموں کی حکومت یا حاکمانہ نگرانی وبالادستی کو جائز رکھنا کب مسلمانوں کے لیے جائز ہو سکتا ہے۔

باقی رہا یہ مسئلہ کہ جزیرہ عرب سے مقصود کیا ہے؟ تو یہ بالکل واضح ہے جس کے لیے کسی بحث و نظر کی ضرورت ہی نہیں۔ نص حدیث میں جزیرہ عرب کا لفظ وارد ہے اور

عقلاً اور اصولاً معلوم ہے کہ جب تک کوئی سبب قوی موجود نہ ہو، کسی لفظ کے منطوق اور عام و متعارف مدلول سے انحراف جائز نہ ہو گا اور نہ بلا مخصص کے قیاساً تخصیص جائز۔ شارع نے جزیرہ کا لفظ کہا اور دنیا میں اس وقت سے لے کر اب تک جزیرہ عرب کا اطلاق ایک خاص ملک پر ہر انسان کو معلوم ہے اور جان رہا ہے۔ پس جو مطلب اس کا سمجھا جاتا تھا۔ وہی سمجھا جائے گا۔

تمام مورخین اور جغرافیہ نگاران قدیم و جدید متفق ہیں کہ اس خطہ کو جزیرہ اس لیے کہا گیا کہ تین طرف سمندر اور ایک طرف دریا کے پانی سے محصور ہے یعنی تین طرف بحر ہند، خلیج فارس، بحر احمر و قلزم واقع ہیں، ایک طرف دریائے دجلہ و فرات۔

فتح الباری وغیرہ میں ہے۔ قال الخیل سمیت جزیرۃ العرب لان بحر فارس و بحر الحبشہ والفراط والدجلۃ احاطت بھا۔ اور اصمعی کا قول ہے۔

لاحاطۃ البحار بھا یعنی بحر الھند والقلزم و بحر فارس و بحر الحبشہ و دجلہ۔

نہایہ میں امام زہری کا قول نقل کیا ہے۔ سمیت جزیرۃ لان بحر الفارس والبحر الاسودان احاطہ بجانبھا و حاطہ بالجانب الشمالی دجلہ و فرات

یہی قول ارباب لغت کا بھی ہے۔ قاموس میں ہے۔ جزیرہ عرب احاطہ بھا یعنی لبحر الھند والشام ثم دجلہ والفرات۔ پروفیسر پطرس بستانی نے بھی (جو زمانہ حال میں شام کا ایک مشہور مسیحی مصنف گذرا ہے اور جس نے عربی میں انسائکلوپیڈیا لکھنی شروع کی تھی۔۔ محیط المحیط میں یہی تعریف کی ہے۔

حاصل سب کا یہی ہے کہ جزیرہ عرب وہ سرزمین ہے جس کے تین جانب سمندر ہیں اور شمالی جانب دریائے دجلہ و فرات۔ سب سے زیادہ مفصل جغرافیہ یاقوت حموی سے معجم البلدان میں دیا گیا ہے اس سے زیادہ جامع و معتبر کتاب عربی میں جغرافیہ و

تقدیم البلدان کی کوئی نہیں۔

اما سمیت بلاد العرب جزیرة لاحاطة الانھار والبحار وذالک ان الفرات اقبل من بلاد الروم فظھر بناحیة قنسرین ثم انحط علی اطراف الجزیرة وسواد العراق حتی وقع بالبحر فی ناجیة البصرہ والایلة وامتد الی عبادان واخذ البحر فی ذالک الموضع مغربان منعطفا ببلاد العرب۔

خلاصہ اس کا یہ ہے کہ عرب اس لیے جزیرہ مشہور ہوا کہ سمندروں اور دریاؤں سے گھرا ہوا ہے۔ صورت اس کی یوں ہے کہ دریائے فرات بلد روم سے شروع ہوا اور قنسرین کے نواح میں عرب کی سرحد پر ظاہر ہوا پھر عراق سے ہوتا ہوا بصرہ کے پاس سمندر میں جاملا۔ وہاں سے پھر سمندر نے عرب کو گھیرا اور، قطیف وہجر کے کناروں سے ہوتا ہوا عمان اور شجر سے گذر گیا پھر حضر موت اور عدن ہوتا ہوا پچھم کی جانب یمن کے ساحلوں سے ٹکرایا حتیٰ کہ جدہ میں نمودار ہوا جو مکہ وحجاز کا ساحل ہے پھر ساحل طور اور خلیج املیہ پر جاکر سمندر کی شاخ ختم ہوگئی۔

پھر سرزمین مصر شروع ہوتی ہے اور قلزم نمودار ہوتی ہے اور اس کا سلسلہ بلد فلسطین سے سواحل عسقلان سے ہوتا ہوا سرزمین سواحل اردن تک بیروت پر پہنچا ہے اور آخر میں پھر قنسرین تک منتہی ہوکر وہ جگہ آتی ہے جہاں سے فرات نے عرب کا احاطہ شروع کیا تھا۔ پس اس طرح چاروں طرف پانی کا سلسلہ قائم ہے۔ بحر احمر اور قلزم کی درمیانی خشکی بھی پانی سے خالی نہیں کیونکہ سوڈان سے دریائے نیل وہاں آپہنچتا ہے اور قلزم میں گرا ہے۔ یہی جزیرہ ہے جس سے عرب کی سرزمین عبارت ہے اور یہی عرب اقوام کا مولد ومنشا ہے۔

اس تفصیل سے واضح ہو گیا کہ جزیرہ عرب کے حدود کیا ہیں۔ عرب کا نقشہ اپنے

سامنے رکھو اور اس پر مندرجہ بالا تخطیط منطبق کر کے دیکھو۔ اوپر شمال ہے۔ داہنے مشرق، بائیں مغرب، شمال میں دریائے فرات مغرب سے خم کھاتا ہوا نمودار ہوتا ہے اور صحرائے شام کے کنارے سے گذرتا ہوا دجلہ میں مل جاتا ہے پھر دونوں مل کر خلیج فارس میں گرتے ہیں۔ فرات کے پیچھے دجلہ کا خطہ ہے، اسی پر بغداد واقع ہے۔

خلیج فارس کے مشرق میں ایران ہے اور مغربی ساحل میں قطیب وحسا پھر یہ خلیج تنگ نائے سرمز سے نکل کر مسقط و عمان کے کنارے سے گزرتا ہے اور اس کے بعد ہی بحر عمان نمودار ہو جاتا ہے۔ اس کے بعد حضر موت کا ساحل دیکھو گے پھر عدن آ گیا اور باب المندب سے جوں جوں آگے بڑھے، بحر احمر شروع ہو گیا۔ چونکہ اس کا مغربی ساحل افریقہ و حبش سے متصل ہے اس لیے قدیم جغرافیہ میں اس کو بحر حبش بھی کہتے ہیں۔ بحر احمر کے کنارے پہلے یمن ملے گا پھر جدہ اس کے بعد ساحل حجاز حتیٰ کے سمندر کی شاخ پتلی ہو کر طور سینا تک منتہی ہو گئی اور اس کے ساتھ ہی خلیج عقبہ کی شاخ نمودار ہوئی۔

اب مصر کی سرزمین شروع ہو گئی۔ نہر سویز کے بننے سے پہلے یہ خشکی کا ٹکڑا تھا جس کو بحر متوسط سے جدا کر دیا گیا تھا۔ اس لیے صاحب معجم نے یہاں دریائے نیل کا ذکر کیا جس کو اس درمیانی نقطہ خشک کے بائیں جانب دیکھ رہے ہو۔ وہ قاہرہ سے ہوتا ہوا۔ سکندریہ کے پاس سمندر میں جا گرتا ہے پس اگرچہ اس زمانے میں یہ ٹکڑا خشک تھا مگر سمندر کی جگہ دریائے نیل کا خط آبی موجود تھا۔ اس کے بعد بحر متوسط ہے جس کے ابتدائی حصہ کو قدیم جغرافیہ نویس بحر مصر و شام سے موسوم کرتے تھے۔ اس پر بیروت واقع ہے اور ساحل کے اندر کی جانب دیکھو گے تو پھر وہی مقام سامنے ہو گا جہاں سے دریائے فرات نمودار ہو کر خلیج فارس کی طرف بڑھا تھا۔ پس یہ مثلث نما ٹکڑا ہے جو اس تمام بحری احاطہ کے اندر واقع ہے۔ صرف خشکی کا ایک حصہ شمال میں فرات کے دائیں

جانب نظر آتا ہے یعنی سرحد شام، یہی مثلث ٹکڑا جزیرہ عرب ہے۔ قدیم و جدید جغرافیہ نگاراس پر متفق ہیں۔ اس سے معلوم ہوا کہ عرب کے جزیرے اور جزیرہ نما ہونے میں سب سے اہم وجہ دریائے دجلہ و فرات کا ہے کیوں کہ اگر یہ عرب کے حدود سے کوئی متصل تعلق نہیں رکھتے تو پھر اس کی ایسی صورت ہی باقی نہیں رہتی جس پر جزیرہ کا اطلاق ہوسکے یعنی شمال کی جانب بالکل خشک رہ جاتی ہے۔ یہی وجہ ہے کہ جس کسی نے عرب کی تعریف کی احاطہ بحر و نہر کا لفظ کہہ کر واضح کر دیا کہ جانب شمال دجلہ تک پھیلا ہوا ہے اور جنھوں نے مقامات کے نام لے کر حدود متعین کئے انھوں نے بھی صاف کہہ دیا کہ شمالی حد دجلہ ہے۔ نہایہ معجم البلدان اور فتح الباری میں اصمعی کا قول ہے۔

من اقصی عدن الی بین ریف العراق طولا و من جدہ و ساحل البحرانی اطراف الشام عرضا۔

کرمانی نے کہا۔

ھی مابین عدن الی ریف العراق طولا و من جدہ الی الشام عرضا۔

یہی قاموس میں ہے۔ ایسا ہی ابن کلبی سے مروی ہے۔ دفاعہ بک ططاری نے قدیم و جدید کتب سے اخذ کر کے عربی میں "تعریفات النافعہ بہ الجغرافیہ" لکھی۔ اس میں یہی حدود ہیں۔ پس صاحب معجم کی تفصیل اور تمام اقوال سے ثابت ہو گیا کہ عرب طول میں عدن سے لے کر عراق کی ترائی تک اور عرض میں ساحل بحر احمر سے خلیج فارس تک پھیلا ہوا ہے۔ اسکی حد شمال میں دہنی جانب دجلہ ہے اور اگر عرض کا خط کھینچیں تو بائیں جانب شام، آج کل کے جغرافیوں میں بھی عرب کے یہی حدود بتلائے جاتے ہیں۔ پچھم میں بحر احمر، جنوب میں بحر ہند، یورپ میں خلیج فارس اور دکن میں ملک شام۔

اس معجم البلدان من عراق کی وجہ تسمیہ بیان کرتے ہوئے لکھا ہے الی انھا اسفل

ارض العرب یعنی عراق، اس لیے نام ہوا کہ یہ زمین عرب کا سب سے زیادہ نچلا حصہ ہے۔ اس بھی ثابت ہوا کہ عراق عرب میں داخل ہے۔ البتہ عراق کا وہ حصہ جو دجلہ کے پار واقع ہے، اس میں داخل نہیں۔

حواشی

البخاری: کتاب فضائل المدینہ حدیث:1875

مسلم: کتاب الحج 1/445، مسلم: کتاب الحج:1/445

کتاب الجہاد مسل 2/94، بخاری کتاب الجزیہ 3167

مسلم: کتاب الجہاد، 2/94 البخاری: کتاب الجزیہ 3167

البخاری: کتاب الجزیہ 3168

مسلم: کتاب الجہاد، 2/94

رواہ مسلم، احمد والترمذی، صححہ

مسند احمد 6/275

موطا امام مالک: کتاب الجامع مع ص:698

البخاری: کتاب الصلوۃ 1/62

فتح الباری 6/205

معجم البلدان / جغرافیہ و تقدیم البلدان

انتہا ملخصا، جلد 100، 2، 3

نہایہ معجم البلدان / فتح الباری

ایضا۔ رفاعہ بک ططاری، النافعہ بہ الجغرافیہ

***

فکری وحدت اور فکری مرکزیت

قرآن کہتا ہے اقتدار اعلیٰ و قوت حاکمہ خدا کے لیے مانی جائے۔ اس کے سوا کسی کو یہ حق نہیں پہنچتا کہ اس کے سامنے سر نیاز خم کیا جائے اور اپنی پیشانیوں کو جھکایا جائے۔ وہی وحدہ لاشریک لہ ہے۔ صرف وہ ایک ہی اس لائق ہے کہ اس کے لیے قوت حاکمہ اور اقتدار اعلیٰ مانا جائے۔ وہی ایک صرف اس قابل ہے کہ بنی نوع انسان کے دلوں پر حکومت کرے۔ وہی اس کا مستحق ہے کہ جبین نیاز اور سر عجز اس کے سامنے خم کیا جائے۔ دل و دماغ میں صرف اس کا خوف سمائے۔ امیدیں اسی سے وابستہ کی جائیں۔ حاکم و بادشاہ، شہنشاہ، واضع قانون، شارع اور قانون ساز صرف اس کو مانا جائے۔ ماننے کے لائق اور تسلیم کے قابل صرف اس کا قانون ہو سکتا ہے۔ صرف اس کے لیے جانی و مالی قربانی کی جائے۔ ایثار و فداکاری کے لائق صرف وہی ہے۔ وہی ہے جس سے محبت کی جائے اور دل لگایا جائے۔ اسی سے ڈرایا جائے۔ اس کے سوا کوئی پناہ گاہ نہیں۔ کوئی مادی و ملجا نہیں۔ اس کے سوا کوئی نہیں جو نفع پہنچا سکے یا ضرر دے سکے۔ وہ جس کو ضرر دینا چاہے تو کوئی طاقت اس کو روکنے والی نہیں۔ اگر وہ کسی کو نفع پہنچانا چاہے تو کوئی اس کا ہاتھ روک نہیں سکتا۔ وہی الہ ہے۔ وہی معبود، وہی رب، وہی حاکم، الا لہ الحلکم ولامر، خبردار اس کے لیے حکومت ہے۔ اور اسی کا امر قابل قبول ہے۔ کوئی نہیں جس کا حکم مانا جائے۔ کوئی نہیں جس کا امر تسلیم کیا جائے۔ انسان کے ظاہر و باطن پر صرف اسی کی حکمرانی ہے۔ وہ کہتا ہے، جب تم دیکھتے ہو کہ تمہارے وجود کے اندر اور باہر عالم تکوین میں صرف اسی کی

حکمرانی ہے تو پھر تمہارے قلوب، اعمال، افعال اور کاروبار زندگی میں اسی کی حکمرانی کیوں نہ ہو۔ وہ کہتا ہے، دنیا مختلف قسم کے الہ و معبود بنا لیتی ہے۔ کہیں انسانی استبداد و استعداد کے وہ مہیب بت ہیں جنھوں نے اپنی غلامی کی زنجیروں سے خدا کے بندوں کو جکڑ رکھا ہے اور ان کی قوت شیطان کے مظاہر کبھی حکومتوں کے جبر و تسلط کی صورت میں، کبھی دولت و مال میں کبھی عزت و جاہ کے غرور میں، کبھی جماعتوں کی رہنمائی و حکمرانی کے ادعاء میں، کبھی علم و فضل اور کبھی زہد و تقویٰ کے گھمنڈ میں غرض مختلف شکلوں میں اور مختلف ناموں سے اللہ کے بندوں کو اللہ سے چھیننا چاہتے ہیں۔ اس کے علاوہ کہیں چاندی اور سونے کے ڈھیروں کے بت، کہیں قیمتی کپڑوں، موٹروں اور ہوٹلوں اور کوٹھیوں کے بت، اس میں لیڈروں و حکام کے بت ہیں اور کہیں پیروں، مولویوں، پیشواؤں اور رہنماؤں کے بت ہیں تو کہیں خواہشات نفسانی کے بت ہیں۔ رسول عربی صلی اللہ علیہ والہ وسلم کے وقت میں تو تین سو ساٹھ بت تھے جن سے بیت خلیل کی دیواریں چھپ گئی تھیں لیکن آج ان کی امت میں تو ہر چمکیلی ہستی لات و منات کی قائم مقام ہے اور ہر حاکم، ہر رئیس اور سب سے آخر مگر سب سے پہلے ہر خوش لباس لیڈر ایک بت کا حکم رکھتا ہے۔ پوری ملت موحد انھی کی پوجا و پرستش میں مشغول ہے۔ پس قرآن کہتا ہے، یہ سب کچھ جو تم کر رہے ہو، شرک ہے اور کفر ہے۔ یہ اس کی صفات میں ساجھی ٹھہرانا ہے اور اس کی حاکمیت میں غیروں کا سہیم و حصہ دار بنانا ہے جس کا مٹانا قرآن کا اولین فرض ہے۔ غرضیکہ اسلام کسی ایسی اقتداء کو تسلیم نہیں کرتا جو شخصی ہو۔ اسلام تو آزادی و جمہوریت کا ایک مکمل نظام ہے جو نوع انسانی کو اس سے چھینی ہوئی آزادی واپس دلانے کے لیے آیا تھا۔ یہ آزادی بادشاہوں، اجنبی حکومتوں، خود غرض مذہبی پیشواؤں، سوسائٹی کی طاقتوں اور جماعتوں نے غصب کر رکھی تھی۔ وہ سمجھتے تھے کہ حق طاقت و غلبہ کا نام ہے لیکن

اسلام نے ظاہر ہوتے ہی اعلان کیا کہ طاقت حق نہیں ہے بلکہ خود حق طاقت ہے اور خدا کے سوا کسی انسان کو سزاوار نہیں کہ بندگان خدا کو اپنا محکوم اور غلام بنائے۔ اس نے امتیاز اور بالادستی کے تمام قومی و نسلی مراتب یک قلم مٹا دیے اور دنیا کو بتلا دیا کہ سب انسان درجہ میں برابر ہیں۔ سب کے حقوق برابر ہیں۔ نسل قومیت اور رنگ معیار امتیاز نہیں بلکہ صرف عمل ہے اور سب سے بڑا وہی ہے جس کے کام سب سے اچھے ہوں۔

ان اکرمکم عند اللہ اتقٰکم (13:49) یہی اس کا طرہ امتیاز اور خصوصی نشان ہے۔ انسانی حقوق کا یہ وہ اعلان ہے جو انقلاب فرانس سے گیارہ سو برس پہلے ہوا۔ یہ صرف اعلان ہی نہ تھا بلکہ عملی نظام تھا جو مشہور مورخ گبن (Gibbon) کے لفظوں میں اپنی کوئی مثال نہیں رکھتا۔ پیغمبر اسلام اس کے جانشینوں کی حکومت ایک مکمل جمہوریت تھی اور صرف قوم کی رائے نیابت انتخاب ہے اس کی بناوٹ ہوتی تھی۔ یہی وجہ ہے کہ اسلام کی اصطلاح میں جیسے عمدہ اور جامع الفاظ اس مقصد کے لیے موجود ہیں شاید ہی دنیا کی کسی زبان میں پائے جائیں۔

اسلام نے پادشاہ کے اقتدار اور شخصیت سے انکار کیا ہے، وہ صرف ایک رئیس جمہوریت (پریذیڈنٹ آف دی پبلک) کا عہدہ جائز قرار دیتا ہے۔ لیکن اس کے لیے بھی خلیفہ کا لقب تجویز کیا گیا ہے جس کے معنی نائب و جانشین کے ہیں اس کا اقتدار محض نیابت قوم ہے اور بس نیابت الٰہی تو ہر مسلمان کو حاصل ہے۔ پس خلیفہ صرف قوم کا نائب و نمائندہ ہوتا ہے اور قوم خدا کی نائب، تو سب اختیارات کا سرچشمہ وہی ہے۔ یہی وجہ ہے کہ اسلام نے خدائی خطابات و القاب کو کسی خلیفہ یا حاکم کے لیے استعمال کرنے کو شرک فی الصفات قرار دیا اور اس کا نام اسماء پرستی رکھا۔ کلمات تعظیم و تجلیل عجیب و غریب ہیں۔ جو ملوک و سلاطین عالم کے ناموں کے پہلے نظر آتے ہیں اور جن کے بغیر ذات

شاہانہ کی طرف اشارہ کرنا بھی سوء ادب کی آخیر حد ہے۔ مگر مرقع خلافت اسلامیہ میں ان کی مثال ڈھونڈنا بے کار ہو گا۔ ایک ادنی مسلمان آتا ہے اور یا ابا بکر رضی اللہ تعالیٰ عنہ اور یا عمر رضی اللہ تعالیٰ عنہ کہہ کر پکارتا ہے اور وہ خوشی سے جواب دیتے ہیں۔

زیادہ سے زیادہ جو الفاظ تعظیمی استعمال ہوسکتے ہیں، وہ خلیفہ رسول اللہ اور امیر المومنین ہیں جو مدح نہیں بلکہ واقعہ ہے۔ امراء وحکام ملک نہیں الفاظ سے خلفاء کو خطاب کرتے تھے اور عوام اور غرباء بھی۔ خود آنحضرت صلی اللہ علیہ والہ وسلم کی بھی یہی حالت تھی۔ آپ اپنے لیے لفظ آقا وسید سننا پسند نہیں فرماتے تھے۔ ایک معمولی بدوی آتا تھا اور یا محمد کہہ کر خطاب کرتا تھا۔ ایک بار ایک بدوی حاضر ہوا اور ڈرتا ہوا خدمت نبوی میں آگے بڑھا تو آپ نے فرمایا۔ تم مجھ سے ڈرتے ہو۔ میں اس ماں کا بیٹا ہوں جو ثرید کھاتی تھی، سبحان اللہ

چہ عظمت دادہ یارب بخلق آن عظیم الشان
کہ انی عبدہ، گوید بجائے قوم سبحانی

ایک صحابی نے اپنے بیٹے کو خدمت نبوی صلی اللہ علیہ والہ وسلم میں بھیجنا چاہا۔ اس نے آپ سے پوچھا کہ اگر حضور اندر تشریف فرما ہوں تو میں کیوں کر آواز دوں، باپ نے کہا۔ جان پدر، کاشانہ نبوت دربارو قیصر وکسرے نہیں ہے۔ حضور کی ذات تفضل وتکبر سے پاک ہے۔ آپ اپنے جانثاروں سے کسی قسم کی توقع نہیں کرتے، تو یا محمد صلی اللہ علیہ والہ وسلم کہہ کر پکارنا۔ سبحان اللہ کیا عالم تھا تربیت یافتگان نبوی کا۔

کیا دنیا بھول گئی کہ مسلمان نے اپنے رسول صلی اللہ علیہ والہ وسلم اور خلفائے رسول اللہ صلی اللہ علیہ والہ وسلم کو ان کے ناموں سے پکارا اور اپنے خلفاء کو بات چیت پر ٹوکا۔ ان پر سخت اعتراض کئے۔ ان کو خطبہ دیتے ہوئے روک دیا اور اس وقت تک خطبہ

نہیں دینے دیا جب تک خلیفہ اپنی صفائی نہیں پیش کر چکے۔ اپنے خلفاء کو تلوار کی دھار، نیزہ کی آنی اور تیر کے پھل سے درست کرنے کی دھمکی دی اور خلفاء نے ان باتوں پر بجائے ناراض ہونے کے فخر کیا اور خوشی کا اظہار کرتے ہوئے خدا کا شکر ادا کیا کہ الحمد للہ ایسے حق گو امت میں موجود ہیں لیکن اس کے مقابلے میں آج بادشاہوں اور ریاستوں کو چھوڑ کر صرف اپنی قوم کے ان لوگوں کو دیکھو جن کے پاس جائیداد کا کوئی حصہ یا چاندی سونے کا کچھ حصہ جمع ہو گیا ہو۔ ان میں بہت سے لوگ دولت کو تمام فضیلتوں کا منبع قرار دیتے ہیں اور ۔۔۔۔ اس لیے لیڈر ہیں۔ پیشوائی کے مدعی ہیں۔ ان میں بہت سے فراعنہ اور نمارده تم کو ایسے ملیں گے جن کام نام اگر ان خطابوں سے الگ کر کے زبان سے نکالا جائے جو ان کے شیطانی خبث و غرور نے گھڑ لیے ہیں یا حکومت کی خوشامد و غلامی کا اصطباغ لے کر حاصل کئے ہیں تو ان کے چہرے مارے غضب کے درندوں کی طرح خونخوار ہو جاتے ہیں اور چارپایوں کی طرح ہیجان و غصہ اور غلاظت کو روک نہیں سکتے۔ اس بدترین نسل فراعنہ سے کوئی نہیں پوچھتا کہ یہ کیا نمرودیت اور فرعونیت و شیطانیت ہے۔ کیا ہے جس نے ان کے نفسوں کو مغرور کر دیا ہے اور وہ کونس اور شہ عظمت و جلال ہے جو تکبر اور غرور کی طرح ان کو اپنے مورث اعلیٰفرعون اور نمرود سے ملا ہے۔ اگر دولت کا گھمنڈ ہے تو مجھے اس میں شک ہے کہ ان کے پاس جہل کی طرح دولت بھی کثیر ہے اور اگر ان پرستاروں اور مصاحبوں کا انہیں غرور ہے جو غلامی اور دولت پرستی کے کیڑے ہیں تو میں یہ ب اور کرنے کے لیے کوئی وجہ نہیں پاتا کہ دنیا کے مغرور و مستبد بادشاہوں سے بھی بڑھ کر اپنے پرستاروں اور غلامی کا حلقہ ارد گرد دیکھتے ہیں۔ بہرحال کچھ بھی ہو مگر میری آواز کو ہر سامع آج انہیں ان کی قوت کی ناکامی کا پیام پہنچا دے۔ اب ان کی تباہی و بربادی کا آخری وقت آگیا۔ وہ دنیا جس نے بحر احمر میں

فرعون اور ان کے ساتھیوں کو غرق ہوتے دیکھا تھا اور اس طرح کے ان گنت تماشے ہزاروں بار دیکھ چکی ہے، وقت آ گیا ہے کہ ہندوستان کے اندر بحر حریت و صداقت میں جس کی موجیں نہ صرف نام ہی کو نہیں بلکہ حقیقت میں بھی احمر ہوں گی، ان مغرور لیڈروں کے غرق ہونے کا تماشہ دیکھ لے گی۔ وہ وقت دور نہیں جبکہ ان کے اور ان کے مصاحبوں کے لیے آتش کدے تیار ہوں گے اور ان کے خاکستر کو تند و تیز ہوا کے جھونکوں میں اڑتے ہوئے دیکھے گی۔

آج ارض و سماء، بحر و بر، فضائے آسمانی اور خلاء سلطانی میں ان کی ہلاکت و بربادی کی آندھیاں چل رہی ہیں اور مرد مومن کی چشم بصیرت کو یہ تمام تماشہ انقلاب امم واستبدال دول و اقوام کا نظر آ رہا ہے۔ آج کی رفتار، دریا کی روانی، لیل گردش، اقوام و ملل کے تغیرات اور گردش زمانہ کی حرکت افراد و اشخاص کے نفسیاتی تمول، اذہان و قلوب کے میلانات، طبائع انسانی کے رجحانات یہ سب بتا رہے ہیں کہ نمارده و فراعنہ دور حاضر کی ہلاکت و فلاکت، تباہی و بربادی، خسروان و مغفوریت کا وقت بالکل قریب آ چکا ہے۔ وہ وقت دور نہیں جبکہ ان کی دولت و مال اور عز و جاہ کے جنازے نکلیں گے اور یہ صفحہ ہستی سے یوں مٹائے جائیں گے کہ تاریخ عالم میں ان کے افسانے رہ جائیں گے، اور نام و نشان باقی نہ رہیں گے۔ ان کی تباہی و بربادی پر کوئی نوحہ و ماتم کرنے والا نہ ہو گا۔ نہ زمین ان پر ترس کھائے اور نہ ہی آسمان روئے گا۔

فما بکت علیھم السماء والارض وما کانوا منظرین(29:44)

ان الحکم الاللہ(57:6)لوگ دنیا میں سینکڑوں قوتوں کے محکوم ہیں۔ ماں باپ کے محکوم ہیں، دوست و احباب کے محکوم ہیں، استاد اور مرشد کے محکوم ہیں۔ امیروں، حاکموں اور بادشاہوں کے محکوم ہیں۔ اگرچہ وہ دنیا میں بغیر کسی زنجیر اور بیڑی کے آئے تھے مگر

دنیا نے ان کے پاؤں میں بہت سی بیڑیاں ڈال دی ہیں۔

لیکن مومن و مسلم ہستی وہ ہے جو صرف ایک ہی کی محکوم ہے، اس کے گلے میں محکومی کی ایک بوجھل زنجیر ضرور ہے، پر مختلف سمتوں میں کھینچنے والی بہت سی ہلکی زنجیریں نہیں ہیں۔ وہ ماں باپ کی اطاعت و فرمانبرداری کرتا ہے کیونکہ اس کے ایک ہی حاکم نے ایسا کرنے کا حکم دیا ہے۔ وہ دوستوں سے محبت رکھتا ہے کیوں کہ اسے رفیقوں اور ساتھیوں کے ساتھ سچے برتاؤ کی تلقین کی گئی ہے۔ وہ اپنے سے ہر بزرگ اور بڑے کا ادب ملحوظ رکھتا ہے کیونکہ اس کے ادب آموز حقیقی نے ایسے ہی بتایا ہے۔ وہ پادشاہوں اور حاکموں کا حکم بھی لیتا ہے کیوں کہ حاکموں کے ماننے سے اسے نہیں روکا گیا ہے جو اس کے حاکم حقیقی کے حکم کے خلاف نہ ہو۔ وہ دنیا کے ایسے پادشاہوں کی اطاعت کرتا ہے جو اس کی آسمانی پادشاہت کی اطاعت کرتے ہیں کیوں کہ اسے تعلیم دی گئی ہے کہ وہ ہمیشہ ہی ایسا کرے لیکن یہ سب کچھ وہ کرتا ہے تو اس لیے نہیں کرتا کہ سب کے لیے کوئی حکم ماننا اور ان کو جھکنے کی جگہ سمجھتا ہے بلکہ صرف اس لیے کہ اطاعت ایک ہی کے لیے ہے اور حکم صرف ایک ہی کا ہے۔ جب اس ایک ہی حکم دینے والے نے ان سب باتوں کا حکم دے دیا تو ضرور ہے کہ خدا کے لیے ان سب بندوں کو بھی مانا جائے اور اللہ کی اطاعت کی خاطر وہ اس کے بندوں کا بھی مطیع ہو جائے۔

پس فی الحقیقت دنیا میں ہر انسان کے لیے بے شمار حاکم اور بہت سی جھکانے والی قوتیں ہیں لیکن مومن کے لیے صرف ایک ہی ہے۔ اس کے سوا کوئی نہیں۔ وہ صرف اسی کے آگے جھکتا ہے اور صرف اسی کو مانتا ہے۔ اس کی اطاعت کا حق ایک ہی کو ہے۔ اس کی پیشانی کے جھکنے کی چوکھٹ ایک ہی ہے۔ اور اس کے دل کی خریداری کے لیے بھی ایک ہی ہے وہ اگر دنیا میں کسی دوسری ہستی کی اطاعت کرتا بھی ہے تو صرف اسی ایک کے

لیے۔اس لیے اس کی بہت سی اطاعتیں بھی اسی ایک ہی اطاعت میں شامل ہو جاتی ہیں۔

مقصود ما کہ دیر و حرم جز حبیب نیست

ہر جا کنیم سجدہ بداں آستاں رسد

حضرت یوسف علیہ السلام نے قید خانے میں اپنے ساتھیوں سے کیا پوچھا تھا۔

ءارباب متفرقون خیر ام اللہ الواحد القھار(39:12)

بہت سے معبود بنالینا بہتر ہے یا ایک قہار و مقتدر خدا کو پوجنا۔

یہی وہ خلاصہ ایمان واسلام ہے جس کی ہر مومن و مسلم کو قرآن کریم نے تعلیم دی ہے کہ

ان الحکم الا اللہ امر الا تعبدوا الا ایاہ(40:12)

تمام جہاں میں اللہ کے سوا اور کوئی نہیں جس کی حکومت ہو۔اس نے ہمیں حکم دیا کہ اس کے سوا اور کسی کو نہ پوجیں اور نہ کسی کو اپنا معبود بنائیں۔یہی دین قیم ہے جس کی پیروی کا حکم دیا گیا۔

ذلک الدین القیم ولکن اکثر الناس لایعلمون(40:12)

حدیث صحیح یہ ہے کہ فرمایا:

لاطاعۃ لمخلوق فی معصیۃ الخالق

جس بات کے ماننے میں خدا کی نافرمانی ہو اس میں کسی بندے کی فرماں برداری نہ کرو۔

اسلام نے یہ کہہ کر فی الحقیقت ان تمام ماسوائے اللہ اطاعتوں اور فرماں برداریوں کے بندشوں سے مومنوں کو آزاد و حر کامل کر دیا جن کی بیڑیوں سے تمام انسانوں کے پاؤں بوجھل ہو رہے تھے اور اس کے ایک ہی جملہ نے انسانی اطاعت اور پیروی کی

حقیقت اس وسعت اور احاطہ کے ساتھ سمجھادی کہ اس کے بعد کچھ باقی نہ رہا۔ یہی ہے جو اسلامی زندگی کا دستور العمل ہے اور یہی ہے جو مومن کے تمام اعمال و اعتقادات کی ایک مکمل تصویر ہے۔ اس تعلیم الٰہی نے بتلا دیا کہ جتنی اطاعتیں جتنی فرماں برداریاں جتنی وفاداریاں اور جس قدر بھی تسلیم و اعتراف ہے، صرف اس وقت کے لیے ہے جب تک بندے کی بات ماننے سے خدا کی بات نہ مانی جاتی ہو اور دنیاوالوں کے وفادار بننے سے خدا کی حکومت کے آگے بغاوت نہ ہوتی ہو۔ لیکن اگر کبھی ایسی صورت پیش آجائے کہ اللہ اور اس کے بندوں کے احکام میں مقابلہ آپڑے، تو پھر تمام اطاعتوں کا خاتمہ، تمام عہدوں اور شرطوں کی شکست، تمام رشتوں اور ناموں کا انقطاع اور تمام دوستوں اور صحبتوں کا اختتام ہے۔ اس وقت نہ تو حاکم، حاکم ہے، نہ پادشاہ، پادشاہ، نہ باپ باپ ہے، نہ بھائی بھائی سب کے آگے تمرد، سب کے ساتھ انکار، سب کے سامنے سرکشی، سب کے ساتھ بغاوت، پہلے جس قدر غلامی تھی اتنی ہی اب سختی چاہیے، پہلے جس قدر اعتراف تھا اتنا ہی اب تمرد چاہیے، پہلے جس قدر جھکاؤ تھا اتنا ہی اب غرور ہو کیوں کہ رشتے کٹ گئے اور عہد توڑ ڈالے گئے۔ رشتہ دراصل ایک ہی تھا اور یہ سب رشتے اسی ایک رشتے کی خاطر تھے۔ حکم ایک ہی کا تھا اور یہ سب اطاعتیں اسی ایک کی اطاعت کے لیے تھیں۔ جب ان کے ماننے میں اس سے انکار اور ان کی وفاداری میں اس سے بغاوت ہونے لگی تو جس حکم سے رشتہ جوڑا تھا اس کی تلوار نے کاٹ بھی دیا اور جس کے ہاتھ نے ملایا تھا، اسی کے ہاتھ نے الگ بھی کر دیا کہ۔

لاطاعۃ لمخلوق فی معصیۃ الخالق

سرور کائنات اور سید المرسلین صلی اللہ علیہ والہ وسلم سے بڑھ کر مسلمانوں کا کون آقا ہو سکتا ہے۔ لیکن خود آپ نے بھی جب، عقبہ، میں انصار سے بیعت لی تھی تو فرمایا۔

والطاعۃ فی معروف۔ میری اطاعت تم پر اسی وقت تک کے لیے واجب ہے جب تک میں تم کو نیکی کا حکم دوں جب اس شہنشاہ کونین کی اطاعت مسلمانوں پر نیکی و معروف کے ساتھ مشروط ہے تو پھر دنیا میں کون سے پادشاہ، کونسی حکومت، کون سے پیشوا کون سے رہنما اور کون سی قوتیں ایسی ہو سکتیں ہیں جن کی اطاعت ظلم و عدوان کے بعد بھی ہمارے لیے باقی رہے۔

آدم علیہ السلام کی اولاد دو کی محکوم نہیں ہو سکتی، وہ ایک سے ملے گی، دوسرے کو چھوڑ دے گی۔ ایک سے جڑے گی، دوسرے سے کٹے گی، پھر خدارا مجھے بتلاؤ کہ ایک مومن کس کو چھوڑے گا اور کس سے ملے گا۔ ایک ملک کے دو بادشاہ نہیں ہو سکتے۔ ایک باقی رہے گا، ایک کو چھوڑنا پڑے گا۔ پھر مجھے بتلاؤ کہ مومن کی اقلیم دل کس کی بادشاہت قبول کرے گی۔ کیا وہ اس سے ملے گا جس کی حالت یہ ہے کہ:۔

ویقطعون مآامر اللہ بہ ان یوصل (27:2)

خدا نے جس کو جوڑنے اور ملانے کا حکم دیا ہے وہ اسے توڑتے اور جدا کرتے ہیں۔ کیا اس کی بادشاہت قبول کرے گا جس کی حالت کی تصویر یہ ہے۔

ویفسدون فی الارض اولئک ھم الخسرون (27:2)

وہ دنیا میں فتنہ اور فساد پھیلاتے ہیں اور انجام کار وہی ناکام و نامراد رہیں گے اور کیا اس کی بادشاہت سے گردن موڑے گا جو پکارتا ہے کہ

یایھا الانسان ماغرک بربک الکریم (6:82)

اے غافل انسان: کیا ہے کہ جس کے گھمنڈ نے تجھے اپنے مہربان اور پیار کرنے والے آقا سے سرکش بنادیا ہے۔

مگر آہ یہ کیسے ہو سکتا ہے۔

کیف تکفرون باللہ و کنتم امواتا فاحیاکم ثم یمیتکم ثم یحییکم ثم الیہ ترجعون(28:2)

تم اس شہنشاہ حقیقی کی حکومت سے کیوں کر انکار کروگے جس نے تمہیں اس وقت زندہ کیا جبکہ تم مردہ تھے اور تم پر موت طاری کرے گا اس کے بعد دوبارہ زندگی بخشے گا۔ پھر تم اسی کے پاس بلا لیے جاؤ گے۔

دنیا اور اس کی بادشاہیاں فانی ہیں۔ ان کے جبروت و جلال کو ایک دن مٹنا ہے۔ خدائے منتقم و قہار کے بھیجے ہوئے فرشتہ ہائے عذاب، انقلاب و تغیرات کے حربے لے کر اترنے والے ہیں۔ ان کے قلعے مسمار ہو جائیں گے۔ ان کی تلواریں کند ہو جائیں گی۔ ان کی فوجیں ہلاک ہو جائیں گی۔ ان کی توپیں ان کو پناہ نہ دیں گی۔ ان کے خزانے ان کے کام نہ آئیں گے۔ ان کی طاقتیں نیست و نابود کر دی جائیں گی۔ ان کا تاج غرور ان کے سر سے اتر جائے گا۔ ان کا تخت جلال و عظمت واژگوں نظر آئے گا۔

ویوم تشقق السمآء بالغمام ونزل الملئکۃ تنزیلا۔ الملک یومئذ الحق للرحمن وکان یوما علیا لکفرین عسیرا(26:25:25)

اور جس دن آسمان ایک بادل کے ٹکڑے پر سے پھٹ جائے گا اور اس بادل کے اندر سے فرشتے جوق در جوق اتارے جائیں گے۔ اس دن کسی کی بادشاہت باقی نہ رہی گی۔ صرف خدائے رحمان ہی کی حکومت ہو گی اور یاد رکھو کہ وہ دن کافروں کے لیے بہت ہی سخت ہو گا۔

پھر اس دن جبکہ رب الافواج اپنے ہزاروں قدوسیوں کے ساتھ نمودار ہو گا اور ملکوت السموات والارض کا نقیب پکارے گا۔

لمن الملک الیوم للہ الواحد القھار(16:40)

آج کے دن کس کی بادشاہی ہے؟ کسی کی نہیں، صرف خدائے واحد قہار کی۔

تو اس وقت کیا عالم ہو گا۔ ان انسانوں کا جنھوں نے بادشاہ ارض و سماء کو چھوڑ کر مٹی کے تودوں کو اپنا بادشاہ بنا لیا ہے اور وہ ان کے حکموں کی اطاعت کو خدا کے حکموں کی اطاعت پر ترجیح دیتے ہیں۔

آہ اس دن وہ کہاں جائیں گے جنھوں نے انسانوں سے صلح کرنے کے لیے خدا سے جنگ کی اور اپنے اس ایک ہی آقا کو ہمیشہ اپنے سے روٹھا ہوا رکھا۔ وہ پکاریں گے پر جواب نہ دیا جائے گا۔ وہ فریاد کریں گے پر سنی نہ جائے گی۔ وہ توبہ کریں گے پر قبول نہ ہو گی اور ندامت کام نہ دے گی۔ اے انسان! اس دن کے لیے تجھ پر افسوس ہے۔

ویل یومئذ للمکذبین(37:77)

وقیل ادعوا شرکاءکم فدعوھم فلم یستجیبوا لھم(64:28)

ان سے کہا جائے گا کہ اب اپنے خداوندوں اور حاکموں کو پکارو جن کو تم خدا کے طرح مانتے تھے اور خدا کی طرح ان سے ڈرتے تھے۔ وہ پکاریں گے پر کچھ جواب نہ پائیں گے۔

پس وہ معلم الہی، وہ داعی ربانی، وہ مبشر، وہ منذر، وہ رحمۃ للعالمین، وہ محبوب رب العالمین، وہ سلطان کونین آگے بڑھے گا اور حضور خداوندی میں عرض کرے گا۔

وقال الرسول یارب ان قومی اتخذوا ھذا القرآن مھجورا(30:25) اے پروردگار افسوس ہے کہ میری امت نے قرآن کی ہدایتوں اور تعلیموں پر عمل نہ کیا اور اس سے اپنا رشتہ کاٹ لیا۔ اس کا یہ نتیجہ جو وہ آج بھگت رہے ہیں۔

اللھم صل وسلم علیہ وعلی آلہ وصحبہ واتباعہ الی یوم الدین

پس سفر سے پہلے زاد راہ کی فکر کر لو اور طوفان سے پہلے کشتی بنا لو کیونکہ سفر نزدیک تر ہے اور طوفان کے آثار ظاہر ہو گئے ہیں۔ جن کے پاس زاد راہ نہ ہو گا وہ بھوکے مریں

گے اور جن کے پاس کشتی نہ ہو گی، وہ سیلاب میں غرق ہو جائیں گے۔ جب تم دیکھتے ہو کہ مطلع غبار آلود ہوا اور دن کی روشنی بدلیوں میں چھپ گئی تو تم سمجھتے ہو کہ برق و باراں کا وقت آگیا۔ پھر تمہیں کیا ہو گیا کہ دنیا کی امن وسلامتی کا مطلع غبار آلود ہو رہا ہے۔ دین الٰہی کی روشنی ظلمت و کفر و طغیان میں چھپ رہی ہے مگر تم یقین نہیں کرتے کہ موسم بدلنے والا ہے اور تیار نہیں ہوتے کہ انسانی بادشاہوں سے کٹ کر خدا کی بادشاہت کے مطیع ہو جاؤ۔ کیا تم نہیں چاہتے کہ خدا کے تخت جلال کی منادی پھر بلند ہو اور اس کی زمین صرف اسی کی لیے ہو جائے۔

حتیٰ لا تکون فتنۃ ویکون الدین للہ (39:8)

آہ ہم بہت سو چکے اور غفلت وسرشاری کی انتہا ہو چکی۔ ہم نے اپنے خالق سے ہمیشہ غرور کیا لیکن مخلوق کے سامنے کبھی بھی فروتنی سے نہ شرمائے۔ ہمارا وصف یہ بتلایا گیا تھا کہ:

اذلۃ علی المومنین اعزۃ علی الکافرین (54:5)

مومنوں کے ساتھ نہایت عاجز و نرم، مگر کافروں کے مقابلہ میں نہایت مغرور و سخت۔

ہمارے اسلاف کرام کی یہ تعریف کی گئی تھی کہ:۔

اشدآء علی الکفار رحماء بینھم (29:48)

کافروں کے لیے نہایت سخت ہیں، پر آپس میں نہایت رحم والے اور مہربان۔

پھر ہم نے اپنی تمام خوبیاں گنوا دیں اور دنیا کی مغضوب قوموں کی تمام برائیاں سیکھ لیں۔ ہم اپنوں کے آگے سرکش ہو گئے اور غیروں کے سامنے ذلت سے جھکنے لگ گئے۔ ہم نے اپنے پروردگار کے آگے دست سوال نہیں بڑھایا۔ لیکن بندوں کے دستر خوان

کے گرے ہوئے ٹکڑے چننے لگے۔ ہم شہنشاہ ارض وسماء کی خداوندی سے نافرمانی کی مگر زمین کے چند جزیروں کے مالکوں کو اپنا خداوند سمجھ لیا۔ ہم پورے دن میں ایک بار بھی خدا کا نام ہیبت اور خوف کے ساتھ نہیں لیتے۔ سینکڑوں مرتبہ اپنے غیر مسلم حاکموں کے تصور سے لرزتے اور کانپتے رہتے ہیں۔

یا ایھا الانسان ماغرک بربک الکریم۔ الذی خلقک فسوک فعدک۔ فی ای صورۃ ماشاء رکبک۔ کلابل تکذبون بالدین۔ وان علیکم لحفظین۔ کراما کاتبین۔ یعلمون ماتفعلون۔ ان الابرار لفی نعیم۔ وان الفجار لفی جحیم۔ یصلونھا یوم الدین۔ وماھم عنھا بغائبین۔ وما ادراک مایوم الدین۔ ثم ما ادراک مایوم الدین۔ یوم لاتملک نفس لنفس شیئا والامر یومئذ للہ (19:6:82)

اے سرکش انسان! کس چیز نے تجھے اپنے مہربان اور محبت کرنے والے پروردگار کی جناب میں گستاخ کر دیا۔ وہ کہ جس نے تجھے پیدا کیا تیری ساخت درست کی، تیری خلقت کو اعتدال بخشا اور جس صورت میں چاہا تیری شکل کی ترکیب کی۔ پھر یہ کس کی وفاداری ہے۔ جس نے تجھے اس سے باغی بنا دیا ہے، نہیں اصل یہ ہے کہ تمہیں اس کی حکومت کا یقین ہی نہیں۔ حالاں کہ تجھ پر اس کی طرف سے ایسے بزرگ نگران کار متعین ہیں جو تمہارے اعمال کا ہر آن احتساب کرتے رہتے ہیں اور تمہارا کوئی فعل بھی ان کی نظر سے مخفی نہیں۔ یاد رکھو کہ ہم نے ناکامی اور کامیابی کی ایک تقسیم کر دی ہے۔ خدا کے اطاعت گذار بندے عزت و مراد اور فتح و کامرانی کے عیش و نشاط میں رہیں گے اور بدکار لوگ خدا کی بادشاہی کے دن نامرادی کے عذاب میں مبتلا ہوں گے جس سے کبھی نکل نہ سکیں گے۔ یہ خدا کی بادشاہی کا دن کیا ہے۔ وہ دن جس میں کوئی کسی کے لیے کچھ نہ کر سکے گا۔ اور صرف خدا کی اس دن حکومت ہو گی۔

اس سے پہلے کہ خدا کی بادشاہی کا دن نزدیک آئے، کیا بہتر ہیں کہ اس کے لیے ہم اپنے تئیں تیاری کر لیں۔ تاکہ جب اس کا مقدس دن آئے تو ہم یہ کہہ کر نکال نہ دیے جائیں کہ تم نے غیروں کی حکومت کے آگے خدا کی حکومت کو بھلا دیا تھا۔ جاؤ کہ آج خدا کی بادشاہت میں بھی تم بالکل بھلا دیے گئے ہو۔

لابشری یؤمئذ للمجرمین و قیل الیوم ننسکم کما نسیتھم لقاء یومکم ھذا وماوکم النار ومالکم من ناصرین۔ ذالکم بانکم اتخذتم آیات اللہ ھزوا وغرتکم الحیاۃ الدنیافالیوم لایخرجون منھاولاھم یستعتبون۔(35:34:45)

اور اس وقت ان سب سے کہا جائے گا کہ جس طرح تم نے اس دن کی حکومت الٰہی کو بھلا دیا تھا، آج ہم بھی تم کو بھلا دیں گے۔ تمہارا ٹھکانا آگ کے شعلے ہیں۔ اور کوئی نہیں جو تمہارا مددگار ہو، یہ اس کی سزا ہے کہ تم نے خدا کی آیتوں کی ہنسی اڑائی اور دنیا کی زندگی اور اس کے کاموں نے تمہیں دھوکے میں ڈالے رکھا۔ پس آج نہ تو عذاب سے تم نکالے جاؤ گے اور نہ ہی تمہیں اس کا موقع ملے گا کہ توبہ کر کے خدا کو منالو کیوں کہ اس کا وقت تم نے کھو دیا۔

آج خدا کی حکومت اور انسانی بادشاہوں میں ایک سخت جنگ چاہیے۔ شیطان کا تخت زمین کے سب سے بڑے حصے پر بچھا دیا گیا ہے۔ اس کے گھرانے کی وراثت اس کے پوجنے والوں میں تقسیم کر دی گئی ہے۔ اور دجال کی فوج ہر طرف پھیل گئی ہے۔ یہ شیطانی بادشاہتیں چاہتی کہ خدا کی حکومت کو نیست و نابود کر دیں۔ ان کی داہنی جانب دنیوی لذتوں اور عزتوں کی ایک ساحرانہ جنت ہے۔ اور بائیں جانب جسمانی تکلیفوں اور عقوبتوں کی ایک دکھائی دینے والی جہنم بھڑک رہی ہے۔ جو فرزند آدم خدا کی بادشاہت سے انکار کرتا ہے۔ وہ دجال کفر و ظلمت اس پر اپنے جادو کی جنت کا دروازہ کھول دیتے ہیں کہ حق

پرستوں کی نظر میں فی الحقیقت خدا کی لعنت اور پھٹکار کی جہنم ہے۔

لبثین فیھا احقابا۔ لایذوقون فیھا برداولا شرابا(24:23:78)

اور جو خدا کی بادشاہت کا اقرار کرتے ہیں ان کو ابلیس عقوبتوں اور جسمانی سزاؤں کی جہنم میں دھکیل دیتے ہیں کہ:۔

حرقوہ وانصروا الھتکم (68:21) مگر فی الحقیقت سچائی کے عاشقوں اور راست بازی کے پرستاروں کے وہ جہنم، جہنم نہیں ہے۔ لذتوں اور راحتوں کی ایک جنت النعیم ہے۔ کیوں کہ ان کے لسان وایقان کی صدا یہ ہے کہ:۔

فاقض ما انت قاض انما تقضی ھذہ الحیاۃ الدنیا انا امنابربنالیغفرلنا خطینا(20::73:72)

اے دنیوی سزاؤں کے طاقت پر مغرور ہونے والے بادشاہ تو جو کچھ کرنے والا ہے، کر گذر۔ تو صرف دنیا کی اس زندگی اور گوشت اور خون کے جسم پر حکم چلا سکتا ہے، پس چلا دیکھ۔ ہم تو اپنے پروردگار پر ایمان لا چکے ہیں تا کہ ہماری خطاؤں کو معاف کرے تیری دنیاوی سزائیں ہمیں اس کی راہ سے باز نہیں رکھ سکتیں۔

جب یہ سب کچھ ہو رہا ہے اور زمین کے ایک خاص ٹکڑے ہی میں نہیں بلکہ اس کے ہر گوشے میں آج یہی مقابلہ جاری ہے تو بتلاؤ، پرستاران دین حنیفی ان دجاجلہ کفر و شیطنیت اور حکومت و امر الٰہی میں سے کس کا ساتھ دیں گے۔ کیا ان کو اس آگ کے شعلوں کا ڈر ہے جو دجال کی حکومت اپنے ساتھ ساتھ سلگاتی آتی ہے۔ لیکن کیا ان کو معلوم ہے کہ ان کا مورث اعلیکون تھا۔ دین حنیف کے اولین داعی نے بابل کی ایک ایسی ہی سرکش حکومت کے مقابلے میں خدا کی حکومت کو ترجیح دی اور اسے آگ میں ڈالنے کے لیے شعلے بھڑکائے گئے، پر اس کی نظر میں ہلاکت کے وہ شعلے گلزار بہشت کے شگفتہ

پھول تھے۔

قلنا یانار کونی برداو سلاما علیٰ براھیم (29:21)

کیا ان کے دل میں دنیوی لذتوں اور عزتوں کی اس جھوٹی جنت کی لالچ پیدا ہو گئی ہے جس کے فریب باطل سے یہ جنود شیطانی انسانی روح کو فتنہ میں ڈالنا چاہتی ہے۔ اگر ایسا ہے تو کیا انہیں خبر نہیں کہ مصر کا بادشاہ حکومت الٰہی کا منکر ہو کر اپنی عظیم الشان گاڑیوں اور بڑی بڑی رتھوں سے اور اس ملک سے جس پر اسے رب الاعلیٰ ہونے کا گھمنڈ تھا، کتنے دن متمتع ہو سکا۔

ان فرعون علافی الارض وجعل اھلھا شیعا یستضعف طآئفۃ منھم یذبح انبآء ھم ویستحیی نساء ھم انہ کان من المفسدین۔ ونرید ان نمن علی الذین استضعفوا فی الارض ونجعلھم ائمۃ و نجعلھم الورثین۔ ونمکن لھم فی الارض ونری فرعون وھامان وجنودھما منھم ماکانوا یحذرون (6:4:28)

فرعون ارض مصر میں بہت بڑھ چڑھ کر نکلا تھا۔ اس نے ملک کے باشندوں میں تفریق کر کے الگ الگ گروہ قرار دے رکھے تھے۔ ان میں سے ایک گروہ بنی اسرائیل کو اس قدر کمزور اور بے بس سمجھ رکھا تھا کہ ان کے فرزندوں کو قتل کرتا اور ان کے اعراض وناموس کو برباد کرتا۔ اس میں شک نہیں کہ وہ زمین کے مفسدوں میں سے بڑا ہی مفسد تھا لیکن باہیں ہمہ ہمارا فیصلہ یہ ہے کہ جو قوم اس کے ملک میں سب سے زیادہ کمزور سمجھی گئی تھی اس پر احسان کریں۔ اس قوم کے لوگوں کو وہاں کی سرداری وریاست بخشیں۔ انہی کو وہاں کی سلطنت کا وارث بنائیں اور انہی کی حکومت کو تمام ملک میں قائم کرادیں۔ اس سے ہمارا مقصد یہ تھا کہ فرعون اور ہامان اور اس کے لشکر کو جس ضعیف قوم طرف سے بغاوت وخروج کا کھٹکا لگا رہتا تھا۔ اسی کے ہاتھوں ان کے ظلم واستبداد کے نتیجے

ان کے آگے آئیں۔

مسلمانو! کیا متاع آخرت بیچ کر دنیا کے چند خزف ریزوں پر قناعت کی خواہش ہے۔ کیا اللہ کی حکومت سے بغاوت کر کے دنیا کی حکومتوں سے صلح کرنے کا ارادہ ہے۔ کیا نقد حیات ابدی بیچ کر معیشت چند روزہ کا سامان کر رہے ہیں۔ کیا تمہیں یقین نہیں کہ۔

وماھذہ الحیاۃ الدینآ۔ الا لھو ولعب وان الدار الاخرۃ لھی الحیوان۔(64:29)

یہ دنیا کی زندگی جو تعلق الہٰی سے خالی ہے اس کے سواء اور کیا ہے کہ فانی خواہشوں کے بہلانے کا ایک کھیل ہے۔ اصل زندگی تو آخرت ہی کی زندگی ہے جس کے لیے اس زندگی کو تیار کرنا چاہیے۔

اگر تم صرف دنیا کے طالب ہو جب بھی اپنے خدا کو نہ چھوڑو۔ کیوں کہ وہ دنیا و آخرت دونوں بخشنے کے لیے تیار ہے۔ تم کیوں صرف ایک ہی پر قناعت کرتے ہو۔

من کان یرید ثواب الدنیافعند اللہ ثواب الدیناوالاخرۃ(134:4)

اور جو شخص دنیا کی بڑی برتری کا طالب ہے۔ اس سے کہہ دو کہ صرف دنیا ہی کے لیے کیوں ہلاک ہوتا ہے۔ حالانکہ خدا تو دین و آخرت دونوں کی برتری دے سکتا ہے۔ وہ خدا کے پاس آئے اور آخرت کے ساتھ دنیا کو بھی لے۔

مسلمانو! پکارنے والا پکار رہا ہے کہ اب بھی خدائے قدوس کی سرکشی و نافرمانی سے باز آجاؤ اور بادشاہ ارض و سماء کو اپنے سے روٹھا ہوا نہ چھوڑو جسے کے روٹھنے کے بعد زمین و آسمان کی کوئی ہستی بھی تم سے من نہیں سکتی۔ اس سے بغاوت نہ کرو۔ بلکہ دنیا کی تمام طاقتوں سے باغی ہو کر صرف اسی کے وفادار ہو جاؤ۔ پھر کوئی ہے جو اس آواز پر کان دھرے۔

فھل من مستمع

آسمانی بادشاہت کے ملائکہ مکرمین اور قدوسیان مقربین اپنے نورانی پروں کو پھیلائے ہوئے اس راست باز روح کو ڈھونڈ رہے ہیں۔ جو مخلوق کی بادشاہت چھوڑ کر خالق کی حکومت میں بسنا چاہتی ہے۔ کون ہے جو اس پاک مسکن کا طالب ہو اور پاکباز روحوں کی طرح پکار اٹھے۔

ربنا اننا سمعنا منادیاینادی للایمان ان امنوبربکم فامنار بنافاغفرلناذنوبناوکفر عناسیاتناوتوفنامع الابرار ربنا اتناماوعدتناعلیر سلک ولا تخزنایوم القیامۃ انک لاتخلف المیعاد(4:193:194)

اے ہمارے حقیقی بادشاہ ہم نے ایک پکارنے والے کی آواز سنی، جو تیری بادشاہت کی آواز دے رہا تھا۔ اے ہمارے ایک ہی بادشاہ! ہم نے تیری بادشاہت قبول کی۔ پس ہمارے گناہ معاف کر۔ ہمارے عیوب پر پردہ ڈال۔ اپنے نیک بندوں کی معیت میں ہمارا خاتمہ کر۔ تو نے اپنے منادی کرنے والے کی زبانی ہم سے جو وعدہ کئے تھے وہ پورے کر۔ اور اپنی آخری بادشاہت میں ہمیں ذلیل وخوار نہ کر کہ تو اپنے وعدوں سے کبھی نہیں ٹلتا۔

حواشی

مشکوۃ 2/321

شرح السنۃ

* * *

عروج وزوال کے فطری اصول

تم کرہ ارض کی کوئی قوم لے لو اور زمین کا کوئی ایک قطعہ سامنے رکھ لو، جس وقت سے اس کی تاریخ روشنی میں آئی ہے اس کے حالات کا کھوج لگاؤ تو تم دیکھو گے کہ اس کی پوری تاریخ کی حقیقت اس کے سوا کچھ ہے کہ وارث ومیراث کی ایک مسلسل داستان ہے یعنی ایک قوم قابض ہوتی پھر مٹ گئی اور دوسری وارث ہوگئی۔ پھر اس کے لیے بھی مٹنا ہوا اور تیسرے وارث کے لیے جگہ خالی ہوگئی۔ وھلم جرا قرآن کہتا ہے یہاں وارث و میراث کے سوا کچھ نہیں ہے۔ اب سوچنا یہ چاہیے کہ جو ورثہ چھوڑنے پر مجبور ہوتے ہیں، کیوں ہوتے ہیں اور جو وارث ہوتے ہیں کیوں وراثت کے حقدار ہو جاتے ہیں۔ فرمایا اس لیے کہ یہاں خدا کا ایک اٹل قانون کام کر رہا ہے کہ:۔

ان الارض یرثھا عبادی الصالحون (105:21)

کہ زمین کے وارث خدا کے بندے ہوتے ہیں۔

یعنی جماعتوں اور قوموں کے لیے یہاں بھی یہ قانون کام کرہا ہے کہ انہی لوگوں کے حصہ میں ملک کی فرماں پذیری آتی ہے جو نیک ہوتے ہیں، صالح ہوتے ہیں۔ صلح کے معنی سنوارنے کے ہیں۔ فساد کے معنی بگڑنے اور بگاڑنے کے ہیں۔ صالح انسان وہ ہے جو اپنے کو سنوار لیتا ہے اور دوسرے میں سنوارنے کے استعداد پیدا کرتا ہے اور یہی حقیقت بد عملی کی ہے پس قانون یہ ہو کہ زمین کی وراثت سنورنے اور سنوارنے والوں کی وراثت میں آتی ہے۔ ان کی وراثت میں نہیں جو اپنے اعتقاد و عمل میں بگڑ جاتے ہیں

اور سنوارنے کی جگہ بگاڑنے والے بن جاتے ہیں۔

تورات، انجیل اور قرآن تینوں نے وراثت ارض کی ترکیب جابجا استعمال کی اور غور کرو یہ ترکیب صورت حال کی کتنی سچی اور قطعی تعبیر ہے۔ دنیا کے ہر گوشے میں ہم دیکھتے ہیں کہ ایک طرح کی بدلتی ہوئی میراث کا سلسلہ برابر جاری رہتا ہے یعنی ایک فرد اور ایک گروہ طاقت واقتدار حاصل کرتا ہے۔ پھر وہ چلا جاتا ہے اور دوسرا فرد یا گروہ اس کی ساری چیزوں کا وارث ہو جاتا ہے۔ حکومتیں کیا ہیں، محض ایک ورثہ ہیں۔ جو ایک گروہ سے نکلتا ہے اور دوسرے گروہ کے حصہ میں آجاتا ہے۔ پس قرآن کہتا ہے ایسا کیوں ہے، اس لیے کہ وراثت ارض کی شرط اصلاح وصلاحیت ہے۔ جو صالح نہ رہے ان سے نکل جائے گی۔ جو صالح ہوں گے ان کے ورثہ میں آئے گی۔

فلن تجد لسنت تبدیلا ولن تجد لسنت اللہ تحویلا (43:35)

سورۃ رعد میں فرمایا۔ یہ جو کچھ بھی ہے، حق اور باطل کی آویزش ہے۔ لیکن حق اور باطل کی حقیقت کیا ہے۔ کونسا قانون ہے جو اس کے اندر کام کر رہا ہے۔ یہاں واضح کیا ہے کہ یہ بقاء انفع کا قانون ہے۔ لیکن وہ کبھی لفظ انفع کی بجائے لفظ اصلح استعمال کرتا ہے۔ لفظ دو ہیں معنی ایک ہے یعنی اللہ نے قانون ہستی کے قیام و اصلاح کے لیے یہ قانون ٹھہرایا ہے کہ یہاں وہ چیز باقی رہ سکتی ہے جس میں نفع ہو۔ جس میں نفع نہیں وہ نہیں ٹھہر سکتی۔ اسے نابود ہو جانا ہے کیوں کہ کائنات ہستی کا یہ بناؤ، یہ حسن، یہ ارتقاء قائم نہیں رہ سکتا۔ اگر اس میں خوبی کی بقاء اور خرابی کے ازالے کے لیے ایک اٹل قوت سرگرم کار نہ رہتی۔ یہ قوت کیا ہے، فطرت کا انتخاب ہے، فطرت ہمیشہ چھانٹتی رہتی ہے۔ وہ ہر گوشہ میں صرف خوبی اور برتری ہی باقی رکھتی ہے فساد اور نقص محو کر دیتی ہے۔ ہم فطرت کے اس انتخاب سے بے خبر نہیں ہیں۔ قرآن کہتا ہے اس کارگاہ فیضان و جمال

میں صرف وہی چیز باقی رکھی جاتی ہے جس میں نفع ہو کیوں کہ یہاں رحمت کارفرما ہے اور رحمت چاہتی ہے کہ افادہ فیضان ہو۔ وہ نقصان گوارا نہیں کر سکتی۔ وہ کہتا ہے۔ جس طرح تم مادیات میں دیکھتے ہو کہ فطرت چھانٹتی ہے۔ جو چیز نافع ہوتی ہے اسے باقی رکھتی ہے اور جو نافع نہیں ہوتی اسے محو کر دیتی ہے۔ ٹھیک عمل ایسا ہی معنویات میں بھی جاری ہے جو عمل حق ہو گا قائم اور ثابت رہے گا، جو باطل ہو گا مٹ جائے گا اور جب کبھی حق و باطل کا مقابلہ ہو گا تو بقاء حق کے لیے ہو گی نہ کہ باطل کے لیے۔ وہ اسی کو قضاء بالحق سے تعبیر کرتا ہے یعنی فطرت کا فیصلہ حق جو باطل کے لیے نہیں ہو سکتا۔

فاذا جآء امر اللہ قضی بالحق و خسر ھنالک المبطلون (78:40)

یعنی جب فیصلہ کا وقت آ گیا تو فیصلہ حق نافذ کیا گیا اور باطل پرست تباہ و برباد کئے گئے۔ وہ کہتا ہے اس قانون سے تم کیوں انکار کر سکتے ہو، جبکہ زمین و آسمان کا تمام کارخانہ اسی کی کارفرمائیوں پر قائم ہے۔ اگر فطرت کائنات برائی اور نقصان چھانٹتی نہ رہتی اور بقاء اور قیام صرف اچھائی اور خوبی کے لیے نہ ہوتا تو تمام کارخانہ ہستی درہم برہم ہو جاتا۔

ولو اتبع الحق اھوآءھم لفسدت السموت والارض و من فیھن (71:23)

یعنی اگر قانون ان کی خواہشات کی پیروی کرنے لگے تو یقین کرو کہ یہ زمین و آسمان اور جو کچھ اس میں ہے، سب درہم برہم ہو کر رہ جائے۔ وہ کہتا ہے، امم، ملل، اقوام اور جماعات کا اقبال و ادبار ہدایت و شقاوت کا معاملہ بھی اسی قانون سے وابستہ ہے۔ وہ اس سے مستثنیٰ نہیں، یہ کیوں کر ہو سکتا ہے کہ جو قانون کارخانہ ہستی کے ہر گوشہ اور ہر ذرہ میں اپنا عمل کر رہا ہے، وہ یہاں آکر بے کار ہو جائے۔ جس قانون کی وسعت پنہائی سے کائنات کا کوئی ذرہ باہر نہ ہو اقوام و امم کا عروج و اقبال اور انزال و ادبار اس سے کیوں کر رہ جائے۔ وہ کہتا ہے یہاں بھی وہ قانون کام کر رہا ہے۔ قوموں اور جماعتوں کے گذشتہ

اعمال ہی ہیں جن سے ان کا حال بنتا ہے اور حال کے اعمال ہی ہیں جو ان کا مستقبل بناتے ہیں۔ پھر اس کی مزید تشریح کرتے ہوئے فرمایا۔ خدا کسی قوم کی حالت نہیں بدلتا، جب تک وہ خود اپنی حالت نہ بدل ڈالے یعنی اس بارے میں خود انسان کا عمل ہے، وہ جیسی حالت چاہے، اپنے عمل اور صلاحیت عمل سے حاصل کرلیں۔ اگر ایک قوم بدحال ہے اور وہ اپنے اندر ایک ایسی تبدیلی پیدا کرلیتی ہے جس سے خوشحالی پیدا ہوسکتی ہے۔ تو خدا کا قانون یہ ہے کہ یہ تبدیلی فوراً اس کی حالت بدل دے گی اور بدحالی جگہ خوش حالی آ جائے گی۔ اس طرح خوشی حالی کی بجائے بدحالی کا تغیر سمجھ لو فرمایا جب ایک قوم نے اپنی عملی صلاحیت کھودی اور اس طرح تبدیل حالت کے مستحق ہوگئی تو ضروری ہے کہ اسے برائی پہنچے۔ یہ برائی کبھی ٹل نہیں سکتی کیوں کہ یہ خود خدا کی جانب سے ہوتی ہے۔ یعنی اس کے ٹھہرائے ہوئے قانون کا نفاذ ہوتا ہے اور خدا کے قانون کا نفاذ کون ہے جو روک سکے اور کون ہے جو اس کی زد سے بچا سکے۔ اس کو قرآن استبدال اقوام سے تعبیر کرتا ہے اور جا بجا مسلمانوں کو متنبہ کرتا ہے کہ اگر تم نے صلاحیت عمل کھودی تو وہ تمہاری جگہ کسی دوسری قوم کو اقبال و ارتقاء کی نعمت عظمیٰ سے نوازیں گے اور کوئی نہیں جو اس کو ایسا کرنے سے روک سکے اور پھر وہ دوسری قوم تمہاری طرح صلاحیت و اصلاح سے محروم نہ ہوگی۔ بلکہ نیکوں کے ساتھ نرم اور بروں کے ساتھ سخت ہوں گے۔ وہ کہتا ہے کہ ہم یوں ہی قوموں کے دن بدلتے رہتے ہیں اور ایک کے ہاتھوں دوسرے کو صفحہ ہستی سے مٹا دیتے ہیں کیوں کہ اگر ہم ایسا نہ کرتے اور ایک قوم کے دست تظلم سے دوسری مظلوم قوم کو نجات نہ دلاتے۔ اگر ہم ضعیف کو نصرت سے نہ بخشتے تاکہ وہ قوی کے طغیان وفساد سے محفوظ ہو جائے تو دنیا کا چین اور سکھ ہمیشہ کے لیے غارت ہو جاتا اور قوموں کی راحت ہمیشہ کے لیے ان سے روٹھ جاتی اور اللہ کی زمین پر وہ تمام منارے گرائے جاتے

جو اس کی گھر کی عظمت پر دلالت کرتے ہیں۔ وہ تمام مقدس عمارتیں خاک کا ڈھیر ہو جاتیں جن کے اندر اس کی پرستش اور اس کے ذکر کی پاک صدائیں بلند ہوتی ہیں۔ یہ حسین و جمیل دنیا ایک ایسی ناقابل تصور ہلاکت و بربادی کا منظر ہو جاتی جس کی سطح پر مردہ انسانوں کی بوسیدہ ہڈیوں اور منہدم عمارتوں کی اڑتی ہوئی خاک کے سوا اور کچھ نہ ہوتا۔ یہ انقلاب جو قوموں اور ملکوں میں ہوتے رہتے ہیں، یہ جو پرانی قومیں مرتی اور نئی قومیں ان کی جگہ لے لیتی ہیں، یہ جو قومیں کمزور ہو جاتی ہیں اور کمزوروں و ضعیفوں کو باوجود ضعف کے غلبہ کے سامان میسر آجاتے ہیں، یہ تمام حوادث اسی حکمت اور قانون الٰہی کا نتیجہ ہیں جو تمام کائنات ہستی میں کار فرما ہے اور جس کا نام بقاء اصلح یا بقاء انفع کا قانون فطرت ہے۔ یہ سب کچھ اس کی کرشمہ سازیاں ہیں۔ اس لیے جو قوم حق پر ہے وہی نافع ہے اور اس کے لیے ثبات و بقاء ہے، اقبال و عروج ہے۔ اور جو قوم جادۂ حق سے منحرف ہو، وہی باطل پر ہے اور غیر نافع ہے اور اس کے لیے بربادی ہے، فنا ہے اور زوال و نیستی ہے۔

پھر دیکھو قرآن کریم نے اس نازک اور دقیق حقیقت کے لیے کیسی صاف اور عام مثال بیان کر دی جس کے معائنہ سے کوئی انسانی آنکھ بھی محروم نہیں ہو سکتی فرمایا۔ جب پانی برستا ہے اور زمین کے لیے شادابی و گل ریزی کا سامان مہیا ہونے لگتا ہے تو ہم دیکھتے ہیں کہ تمام وادیاں نہروں کی طرح رواں ہو جاتی ہیں۔ لیکن پھر کیا تمام پانی رک جاتا ہے۔ کیا میل کچیل اور کوڑا کرکٹ اپنی اپنی جگہ تھمے رہتے ہیں۔ کیا زمین کی گود ان کی حفاظت کرتی رہتی ہے۔ نئی زمین کو اپنی نشو و نما کے لیے جس قدر پانی کی ضرورت ہوتی ہے، وہ جذب کرتی ہے۔ ندی نالوں میں جس قدر سمائی ہوتی ہے۔ اتنا ہی وہ پانی روک لیتے ہیں۔ باقی پانی جس تیزی کے ساتھ گرا تھا، اسی تیزی سے بہہ بھی جاتا ہے۔ میل کچیل اور کوڑا کرکٹ جھاگ بن کر سمٹتا اور ابھرتا ہے۔ پھر پانی کی روانی اسے اس طرح اٹھا کر لے جاتی

ہے کہ تھوڑی دیر کے بعد وادی کا ایک ایک گوشہ دیکھ جاؤ، کہیں ان کا نام ونشان بھی نہیں ملے گا۔ اس طرح جب سونا چاندی یا اور کسی دھات آگ پر تپاتے ہو۔ تو کھوٹ الگ ہو جاتا ہے۔ خالص دھات الگ نکل آتی ہے۔ کھوٹ کے لیے نابود ہو جانا ہے اور خالص دھات کے لیے باقی رہنا ہے۔

ایسا کیوں ہوتا ہے، اس لیے کہ یہاں بقاء انفع کا قانون کام کر رہا ہے۔ یہاں باقی رہنا اس کے لیے ہے جو نافع ہو۔ جو نافع نہیں وہ چھانٹ دیا جائے گا۔ یہی حقیقت حق اور باطل کی ہے حق وہ بات ہے جس میں نفع ہے۔ پس وہ کبھی مٹنے والی نہیں۔ ٹکنا اس کے لیے ثابت ہوا، باقی رہنا اس کا خاصہ ہے۔ اور حق کے معنی ہی قیام وثبات کے ہیں لیکن باطل وہ ہے جو نافع نہیں اس لیے اس کا قدرتی خاصہ یہ ہوا کہ مٹ جائے، محو ہو جائے، ٹل جائے۔

ان الباطل زھوقا (81:17)

اس حقیقت کا ایک گوشہ ہے۔ جس ہم نے بقاء اصلح کی شکل میں دیکھا ہے اور قرآن نے اس کو اصلح بھی کہا ہے۔ اور انفع بھی کیوں کہ صالح وہی ہے جو نافع ہو۔ کارخانہ ہستی کی فطرت میں بناوٹ اور تکمیل ہے اور تکمیل جب ہی ہو سکتی ہے۔ جبکہ حرف نافع اشیاء میں باقی رکھے جائیں۔ غیر نافع چھانٹ دیے جائیں۔ قرآن نے نافع کو حق سے اور غیر نافع کو باطل سے تعبیر کیا کہے اور اس تعبیر سے ہی اس نے حقیقت کی نوعیت واضح کر دی کیوں کہ حق اسی چیز کو کہتے ہیں جو ثابت اور قائم رہے اور اس کے لیے مٹ جانا، زوال پذیر ہونا اور فناء ونابود ہونا ممکن نہ ہو۔ اور باطل کے معنی ہی یہی ہیں یعنی مٹ جانا اور محو ہو جانا۔ پس وہ جب کسی بات کے لیے کہتا ہے کہ یہ حق تو یہ صرف دعویٰ ہی نہیں بلکہ دعویٰ کے ساتھ اس کے جانچ کا معیار بھی پیش کیا جاتا ہے کہ یہ بات حق ہے اس

لیے نہ مٹنے والی اور نہ ٹلنے والی بات ہے اور اس کے ثبوت و وجود قیام وبقاء کے لیے صرف اس کا حق ہونا کافی ہے اور جب یہ کہا جائے کہ یہ باطل ہے یعنی نہ ٹک سکنے والی، ٹلنے والی ہے۔ اس عدم وزوال پذیری کے لیے اس کا باطل ہونا ہی کافی ہے۔ مزید دلیل کی حاجت نہیں۔ یہ دونوں اصطلاحیں قرآن کے مہمات معارف میں سے ہیں۔ لیکن افسوس کہ علماء نے غور نہیں کیا۔ ورنہ بعض اہم مقامات میں دور از کار تاویلوں کی ضرورت ہی نہ تھی۔ اور اگر یہ ایک حقیقت سمجھ لی جائے تو ہماری پستی اور ادبار کے لیے ان وہی اسباب تنزل وادبار کی ضرورت ہی نہ تھی۔

لیکن افسوس کہ قوم کے رہنماؤں نے غور وفکر سے کام نہ لیاتوکسی نے باعث ادبار کسی وہمی بات کو بنالیا، کسی نے تقلید یورپ کو اور کسی نے تملق وخوشامد غلامانہ کو۔

تفصیل کا یہ موقع نہیں۔ لیکن اتنی بات سمجھ لینی ضروری ہے کہ قرآن نے ہمارے ظہور کی علت غائی جو فرمائی ہے وہی ہمارے عروج کی بھی علت غائی قرار دی ہے۔ یعنی

کنتم خیر امۃ اخرجت للناس (110:3) میں ہمارے ظہور کا مقصد نفع خلائق قرار دیا ہے۔ یوں ہی:۔

الذین ان مکناھم فی الارض اقاموالصلوۃ واتوا الزکوۃ وامروابالمعروف ونھوعن المنکر (41:22)

میں ہمارے عروج کی علت غائی بھی اس نے یہی قرار دی ہے۔ کہ اقامتہ الصلوۃ نظام زکوٰۃ اور امر بالعمروف و نہی عن المنکر۔ یہ تینوں باتیں نفع رسانی خلائق کے لیے ہیں، توگویا ہمارا ظہور وعروج دونوں نفع رسانی ناس کے لیے تھے۔ یعنی اللہ کی سلطنت قائم کرنا اور عدل الٰہی کو دنیا میں غلبہ دینا جس سے بڑھ کر کوئی نفع نہیں۔ اور یہی معنی ہیں صفات الٰہیہ کے مظہر ہونے کے کیوں کہ مظہریت بغیر تین باتوں کے ہو نہیں سکتی۔ پہلی

بات وحدت مرکزیہ کا قیام ہے جس کے لیے اقامۃ الصلوٰۃ کا حکم ہے، دوسری بات ہے اشتراک مال کی اسلامی صورت جس کی طرف نظام زکوٰۃ کے ذریعہ رہنمائی کی گئی اور تیسری بات ہے عدل الٰہی کا قیام۔ سووہی چیز امر بالمعروف و نہی عن المنکر ہے اور یہی مقصد اعلیٰ امور عظام میں سے ہے۔

ہم جب تک اپنے ظہور و عروج کے مقاصد کو سنبھالے رکھا تو دنیا کے لیے نافع رہے۔ اس لیے ہمیں تمکیل فی الارض حاصل رہا اور جب سے ہم نے اپنے ظہور و عروج کا مقصد بھلا دیا تو پھر ہمیں اس منصب سے بھی محروم ہونا پڑا اور قومی زندگی کی بجائے قومی موت کا سامنا ہوا تو خدارا ابتلاؤ کہ ہم بدبختوں اور سیاہ کاروں کا کیا حق ہے کہ قومی موت کا سامنا ہوا تو خدارا ابتلاؤ کہ ہم بدبختوں اور سیاہ کاروں کا کیا حق ہے کہ قومی زندگی اور اجتماعی ترقی کا دعویٰ کریں۔ آج نہ ایمان کی دولت ساتھ ہے اور نہ طاعات وحسنات کی پونجی دامن میں۔ زندگی یکسر غفلت و معصیت میں برباد اور عمریں یک قلم نفس پرستی و نافرمانی میں تاراج۔ اغراض نفسیاتی کی پرستش اور نفاق، نافرمانی اور انکار۔ پھر نہ ندامت و ملامت اور نہ ہی توبہ و انابت، تو خدارا ابتلاؤ کس منہ سے ہم اپنی زندگی و بقا کے مدعی بن سکتے ہیں۔ فواحسرتاہ و مصیبتاہ۔

اصل یہ ہے کہ نظام عالم کے قوانین اساس کی بنیاد صرف قیام عدل کی ناقدانہ قوت پر ہے۔ خداوند تعالیٰ دنیا میں انبیاء علیہم السلام کو بھی اس لیے بھیجتا رہتا ہے کہ دنیا میں اللہ کے عدل کو قائم کریں۔ لیکن چوں کہ اس کے لیے اکثر اوقات قہر و غلبہ کی قوت قاہرہ بھی دیتا رہا اور استیلا و استقلاء کی نعمت عظمی سے نوازا تا کہ دنیا سے ظلم و برائی کا خاتمہ ہو جائے اور عدل الٰہی کا دور دورہ ہو اور اس طرح اللہ تعالیٰ نے مسلمانوں کا فرض منصبی بھی امر بالمعروف اور نھی عن المنکر قرار دے کر ان کو قیام عدل کے لیے منتخب فرمایا اور

میزان عدل قسطاس المستقیم اور صراط مستقیم کا قانون اجتماعی دے کر دنیا والوں کے لیے ان کو شہداء یعنی حق کو گواہی دینے والا بنایا۔

پس مسلمانوں کے ظہور کی اصل علت غائی صرف یہ ہے کہ شہادۃ علی الناس کا فریضہ با حسن وجود پورا ہو۔ یہی وجہ کہ تمکین فی الارض والی آیۃ کے سواء جہاں کہیں بھی ان کے ظہور کے علت غائی سی نشاندہی فرمائی۔ کسی جگہ بھی اقامۃ الصلوٰۃ و آتو الزکوٰۃ کا ذکر نہیں کیا بلکہ صرف شہادۃ علی الناس وامر بالمعروف ونھی عن المنکر پر زور دیا۔ فرمایا۔

کذالک جعلناکم امۃ وسطالتکونوا شھدآء علی الناس ویکون الرسول علیکم شھیدا(143:2)

یعنی اس طرح ہم نے تم کو امت درمیانی بنایا تاکہ اور لوگوں کے مقابلہ میں تم گواہ بنو اور تمہارے مقابلے میں تمہارا رسول گواہ ہو اور فرمایا۔

ولتکن منکم امۃ یدعون الی الخیر ویامرون بالمعروف وینھون عن المنکر واولئک ھم المفلحون(104:3)

یعنی تم میں ایک جماعت ہونی چاہیے جو دنیا کو نیکی کی دعوت دے بھلائی کا حکم کرے اور برائی سے روکے وہی فلاح یافتہ ہیں اور فرمایا۔

کنتم خیر امۃ اخرجت للناس تامرون بالمعروف وتنھون عن المنکر(115:3)

یعنی تمام امتوں میں سب سے بہتر امت ہو کہ اچھے کاموں کا حکم دیتے ہو اور برے کاموں سے روکتے ہو۔

ان تینوں آیتوں میں اللہ تعالیٰ نے مسلمانوں کا اصلی مشن مقصد تخلیق اور قومی امتیاز و شرف خصوصی اس چیز کو قرار دیا ہے کہ دنیا میں اعلان حق ان کا سرمایہ زندگی ہے۔ اور وہ دنیا میں اس لیے کھڑے کئے گئے ہیں کہ خیر کی طرف داعی ہوں اور نیکی کا

حکم دیں اور برائی کو جہاں کہیں دیکھیں اس کو روکیں۔ عمران و تمدن کے تمام اصولوں اور قوانین کا متن قرآن کا ہی اصل اصول ہے اسی اصول کی ہمہ گیری ہے کہ امم قدیمیہ کے حالات ہم پڑھتے ہیں تو ہر قوم کا ایک دور عروج ہمارے سامنے آتا ہے اور دوسرا زمانہ انحطاط ان دونوں میں مابہ الامتیاز اور فاصل اگر کوئی چیز ہو سکتی ہے تو وہ قیام عدل اور نفاذ جور و جفا ہے۔

جب تک قومیں قیام عدل میں مساعی اور جدوجہد کرنے والی ہوتی ہیں۔ تو فتح و کامرانی نصرت الٰہی و کامیابی ان کے قدم چومتی ہے۔ لیکن جب قیام عدل کی بجائے۔ افشاء ظلم اور ترویج جور و ستم ان کا شعار بن جاتا ہے تو پھر قانون فطرت حرکت میں آتا ہے اور بیک جنبش ان کو صفحہ ہستی سے حرف غلط کی طرح مٹا دیتا ہے اور پھر ان کا نام و نشان تک باقی نہیں رہتا۔

دور جانے کی ضرورت نہیں خود اپنی تاریخ کو اٹھا کر دیکھو۔ جب تک ہم دنیا میں حق اور انصاف کے حامی و مددگار رہے تو خدا تعالیٰ بھی ہمارا مددگار رہا اور دنیا کی کوئی طاقت بھی ہمارے سامنے نہ ٹھہر سکی۔ لیکن جوں ہی تاریخ اسلام کا عہد تاریک شروع ہوا اور علم و مذہب، اعلان حق اور دفع باطل کے لیے نہ رہا بلکہ حصول عز و جاہ اور حکومت و تسلط کے لیے آلہ کار بن گیا اور اس طرح علم و مذہب حصول قوت حکمرانی اور دولت جاہ دنیوی کا ذریعہ بن گیا تو اجتماعی فسادات اور امراض کے چشمے پھوٹ پڑے۔ حکام عیش و عشرت کی زندگی بسر کرنے لگے اور علماء اور فقہاء ان کے درباروں کی زینت بن گئے تو قوت حاکمۂ کائنات کے دست قدرت نے بھی استبدال اقوام اور انتخاب ملل کے فطری قانون کو حرکت دی اور عمل بالمحاذات کے دستور اٹل کو عمل میں لائی۔ تو پھر ہمارے ادبار اور شقاوت کو نہ ہماری حکومت روک سکی اور نہ ہی عسکری قوت۔ رسوائی و ذلت کے اس بحر

متلاطم کے تھپیڑوں سے نہ علماء ومشائخ بچ سکے اور نہ عمال اور زاہد۔

آج جتنی رسواء عالم مسلمان قوم ہے شاید ہی کوئی قوم اس درجہ مغضوب و مقہور ہوئی ہو۔

وضربت علیھم الذلۃ والمسکنۃ وباء وبغضب من اللہ (61:2) کا مصداق بنی اسرائیل کے بعد ہم ہی ہیں۔

وتلک الایام نداولھا بین الناس (140:3)

یہ گردش ایام قوموں اور ملتوں، جماعتوں اور لوگوں کے درمیان ہمیشہ جاری وساری رہا کرتی ہے۔ اس کی گرفت سے دنیا کا کوئی شاہ نہیں بچ سکتا۔ یہ اٹل اور لازوال حقیقت ہے۔

* * *

عزم و استقامت

ولا تھنوولا تحزنوا وانتم الاعلون ان کنتم مؤمنین۔ ان یمسسکم فرح فقد مس القوم فرح مثلہ و تلک الایام ندا ولھا بین الناس (3:139:140)

ہمت نہ ہارو اور نہ اس شکست کی خبر سن کر غمگین و دل شکستہ ہو۔ یقین کرو کہ اگر تم سچے مومن ہو تو آخر کار تمہارا ہی بول بالا ہے۔ اگر تم کو اس لڑائی میں سخت زخم لگے تو ہمت نہ ہارو کہ طرف ثانی کی قوت بھی اس طرح مجروح ہو چکی ہے اور یہ وقت کے نتائج و حوادث ہیں۔ جو نوبت بہ نوبت سب لوگوں کو پیش آتے رہتے ہیں۔

اس امید آباد عالم میں ہر لمحہ اور ہر آن کتنی امیدیں ہیں جو پیدا ہوتی ہیں اور کتنے ولولے ہیں جو اٹھتے ہیں۔ پھر ان میں کتنے ہیں جن کے نصیب میں فیروز مندی و کامرانی ہے اور کتنے ہیں جن کے لیے حسرت و یاس کے سواء کچھ نہیں۔ بے کس انسان جو آرزوؤں کا بندہ اور حسرتوں کے خمیر کا پتلہ ہے شاید صرف اس لیے بنایا گیا ہے کہ نصف عمر امیدوں کے پالنے میں صرف کر دے اور بقیہ نامرادی کے ماتم میں کاٹ دے۔

یحیی برمکی نے صحرا میں ایک اعرابی کو دیکھا کہ میدان سے پتھروں کے ٹکڑوں کو جمع کرتا ہے اور جب ڈھیر جمع ہو جاتا ہے۔ تو پھر ایک ایک ٹکڑے کو اٹھاتا ہے اور جہاں سے لایا تھا اسی طرف پھینکنے لگتا ہے۔ کیا انسانی ہستی کی پوری تاریخ اس مثال میں پوشیدہ نہ تھی۔

ہماری زندگیاں جن کے ہنگامہ حیات سے کارگر عالم میں شورش کے طوفان اٹھتے

ہیں۔ غور کیجئے تو ایک تار عنکبوت اور عسرت کے ایک جلتے ہوئے تنکے سے زیادہ ہستی رکھتی ہے۔

ساری عمر دو ہی کاموں میں صرف کر دیتے ہیں یا صحرائے دجلہ کے اعرابی کی طرح فتح تمنا میں امیدوں کے سنگریزے جمع کرتے ہیں یا شام نامرادی میں جہاں سے لائے تھے وہیں پھینک دیتے ہیں کہ ہمیشہ کے لیے مدفون ہو جائیں۔

مثل یہ میری کوشش کہ ہے کہ مرغ اسیر
کرے قفس میں فراہم خس آشیاں کے لیے

کارساز قدرت کی بھی کیا کرشمہ سازیاں ہیں۔ کچھ خاک امید کی لی اور کچھ خاکستر حسرت کی، دونوں کی آمیزش سے ایک پتلا بنایا اور انسان نام رکھ کر اس ہنگامہ زار ارضی میں بھیج دیا۔ وہ کبھی امید کی روشنی سے شگفتہ ہوتا ہے، کبھی ناامید کی تاریکی سے گھبرا جاتا ہے، کبھی ولولوں کی بہار میں زمزمہ ساز نغمہ انبساط ہوتا ہے اور کبھی حسرت وافسوس کی خزاں میں امیدوں کے پژمردہ پتوں کو گنتا ہے، کبھی ہنستا ہے اور کبھی ڈرتا ہے۔ کبھی رقص نشاط اور کبھی سینہ ماتم ایک ہاتھ سے جمع کرتا ہے اور دوسرے سے کھوتا ہے۔

سراپا رہن عشق و ناگزیر الفت ہستی
عبادت برق کی کرتا ہوں اور افسوس حاصل کا

پس اے ساکنان غفلت آباد ہستی: وائے رہروان سفر مدہوشی و افراموشی! مجھے بتلاؤ کہ تمہاری ہستی کی حقیقت اگر یہ نہیں ہے تو پھر اور کیا ہے؟ اور اے نیرنگ آرائے تماشہ گام عالم کیا یہ ہنگامہ حیات، یہ شورش زندگی، یہ رستخیز کشاکش ہستی تو نے صرف اتنے ہی کے لیے بنائی ہے۔

کمند کوتہ و بازوئے ست و بام بلند

بمن حوالہ و نومیدیم گنہ گیرند

ربناما خلقت ھذا ابطلا۔(191:3)

نہیں معلوم آغاز عالم سے آج تک یہ سوال کتنے دلوں کے اضطراب و التہاب کا باعث ہو گا۔ مگر یہ سچ ہے کہ اپنے کان ہی بہرے ہیں۔ ورنہ کائنات عالم ہی کا ذرہ ذرہ اس سوال کا جواب نفی میں دے رہا ہے۔

محرم نہیں ہے تو ہی نواہائے راز کا

یاں ورنہ جو حجاب ہے پردہ سے ساز کا

وکاین من ایۃ فی السموات والارض یمرون علیھاوھم عنھا معرضون(105:12)

یہ سچ ہے کہ مصائب و ناکامی کا ہجوم انسان کے دل میں ایسے خیالات پیدا کر دیتا ہے مگر حقیقت یہ ہے کہ اس ضعف گاہ عالم کا یہ سازوسامان صرف اتنے ہی کے لیے نہیں ہو سکتا۔ وہ عالم انسانیت کبری جو تاج خلافت الٰہی سر پر اور خلعت کرامت۔ ولقد کرمنا بنی آدم(70:17)۔ اپنے دوش عظمت پر رکھتا ہے، کیوں کر ممکن ہے کہ صرف امیدوں کے پالنے اور پھر ان کی موت و اقتضاء کا تماشہ دیکھنے کے لیے بنایا گیا ہو۔

افحسبتم انما خلقنکم عبثاوانکم الینالاترجعون۔(115:23)الذین یذکرون اللہ قیاماو قعوداو علی جنوبھم ویتفکرون فی خلق السموت والارض ربناماخلقت ھذا باطلا سبحنک فقنا عذاب النار(191:3)

جو ارباب فکر و حکمت اللہ تعالیٰ کا ہر حال میں ذکر کرتے ہیں اور آسمان اور زمین کے ملکوت و آثار قدرت پر تفکر و تدبر کی نظر ڈالتے ہیں، ان کی زبان سے تو یہ عالم صنعت دیکھ کر بے اختیار صدا نکل جاتی ہے کہ خدایا یہ تمام کارگاہ صنعت تو نے بیکار و عبث نہیں

پیدا کی ہے۔

بہار و خزاں اور امید و بیم

اس میں تو شک نہیں کہ جس قدر کاوش سے غور کیجئے گا۔ جذبات انسانی کی تحلیل و تفرید کے آخری عناصر یہی دو چیزیں یعنی امید و حسرت نظر آئے گی۔ وہ جو کچھ کرتا ہے، یا آئندہ کی امید ہے، یا رفتہ پر حسرت۔ البتہ یہ ضرور ہے کہ امید و یاس کی تقسیم کو صرف افراد و اشخاص میں محدود نہ کیجئے بلکہ اس میں دراصل قوموں اور ملکوں کی تاریخ پوشیدہ ہے، باغ و چمن میں، بہار و خزاں ہر موسم میں جو یکے بعد دیگرے آتے ہیں اور اپنی اپنی آمد کے متضاد و مخالف آثار چھوڑ جاتے ہیں۔ اسی طرح امید اور حسرت کو دو مختلف موسموں کا تصور کیجئے جو قوموں اور ملکوں پر بھی آتے ہیں اور وہ نامرادی و کامرانی کی تقسیم ہے جو اپنے اپنے وقتوں پر قوموں میں ہو جاتی ہے بعض قومیں ہیں جن کے حصہ میں امید کی بہار آئی اور بعض ہیں جو اب یاس اور حسرت کی خزاں ہی کے لیے رہ گئی ہیں۔

موسم بہار زندگی و شگفتگی کا موسم ہوتا ہے اور انسان کے اندر رگوں میں دوڑنے والے خون سے لے کر درختوں کی شاخوں اور ٹہنیوں تک ہر چیز میں جوش حیات اور ولولہ انبساط پیدا ہو جاتا ہے۔ یہی حال ان قوموں کا ہوتا ہے وہ جب پنے دور امید سے گذرتی ہیں، تمام دنیا ان کے لیے ایک بہشت امید بن جاتی ہے اور اس کی ہر آواز ان کے کانوں کے لیے ایک ترانہ امید کا کام دیتی ہے۔ وہ اپنے اندر دیکھتے ہیں تو دل کا ہر کونہ امیدوں اور ولولوں کا آشیانہ نظر آتا ہے اور باہر نظر ڈالتے ہیں تو دنیا کا کوئی حصہ عروس امید کی مسکراہت سے خالی نہیں ہوتا۔ اس طلسم زار ہست و نیست میں انسان سے باہر نہ

غم کا وجود ہے اور نہ خوشی کا۔ زندگی کی تمام کامیابیاں اور مسرتیں دراصل دل کی عشرت کامیوں سے ہیں۔ جب تک آپ کے دل کے طاق مخفی میں امید کا چراغ روشن ہے، اس وقت تک دنیا بھی عیش و مسرت کی روشنی سے خالی نہیں۔ لیکن اگر باد صرصر و نامرادی کا کوئی جھونکا وہاں تک پہنچ گیا تو پھر خواہ آفتاب نصف النہار پر درخشاں کیوں نہ ہو مگر یقین کیجئے کہ دنیا کا یہ تمام نظام منور آپ کے ظلمت سرائے تاریک ہے۔

یہ وہ خوش نصیب قومیں ہیں کہ ان کے دل کے اندر امید کا چراغ روشن ہوتا ہے۔ یہ جہاں جاتے ہیں، اقبال و کامرانی کی روشنی استقبال کرتی ہے چوں کہ ان کے دل کے اندر سلطان امید فتح یاب ہوتا ہے، اس لیے زمین کے اوپر بھی نامرادی و ناکامی کی صفوں پر فتح یاب ہوتا ہے۔ جس ہاتھ میں امید کا علم ہو تو پھر دنیا کی کوئی قوت اس ہاتھ کو زیر نہیں کر سکتی۔ ان کی امید، حسرت و آرزو نہیں ہوتی جو محض ناکامی و نامرادی کے ماتم کے لیے ہے۔ بلکہ کامیابیوں کا ایک پیغام دعوت ہے جو دل میں امید بن کر اور دل کے باہر عیش و مراد کی کامرانی و فیروز مندی کی نوید بن کر جلوہ آرا ہوتی ہے۔ لیکن اس سطح ارضی کے اوپر جو امید کی کام بخشیوں سے خوش نصیب قوموں کے لیے عیش مراد کا ایک چمن زار نشاط ہے، وہ بدنصیب قومیں بستی ہیں جن کے دامن حیات میں امید و یاس کی بخشش کے وقت امید کے پھولوں کی جگہ صرف ناامیدی کے کانٹے ہی آتے ہیں جو خزاں کے لیے افسردہ کن موسم کی طرح دنیا میں صرف اس لیے زندہ رہتے ہیں کہ بہار گذشتہ پر ماتم کریں اور خزاں کے جھونکوں سے اپنے درخت امید کی پت جھڑ دیکھ دیکھ کر آنسو بہائیں، وہ دنیا جو اوروں کے لیے اپنی ہر صدا میں پیغام امید رکھتی ہو، ان کے لیے یکسر ماتم کدہ یاس بن جاتی ہے۔ دل جب مایوس ہو تو دنیا کی ہر چیز میں مایوسی ہے۔ ان کے دلوں میں امید کا چراغ بجھ جاتا ہے تو دل کے باہر بھی کہیں روشنی نظر نہیں آتی۔ دنیا کہ وہ وسیع

صحرا جن پر قدرت نے طرح طرح کی نباتاتی نعمتوں کا دستر خوان چن دیا ہے، وہ خوش نما اور عظیم الشان آبادیاں جن کو انسانی اجتماع اور مدنی نعمتوں زمین کے عیش ونشاط کا بہشت بنادیا ہے، وہ عظیم الشان اور بے کنار سمندر جن پر حکمرانی کی طاقت حاصل کرنے کے بعد پھر خشکی کے ٹکڑوں پر حکمرانی کی ضرورت باقی نہیں رہتی۔ غرضیکہ اس زمین اور زمین پر نظر آنے والی تمام چیزیں ان سے اس طرح منہ پھیر لیتی ہیں گویا وہ اس زمین کے فرزند ہی نہیں ہیں بلکہ بڑی بڑی آبادیاں قوموں اور جماعتوں کی فاتحانہ امنگوں کا جولان گاہ ہوتی ہے تو ان بد نصیبوں کے لیے صحراؤں کے بھٹ اور پہاڑوں کے غاروں میں بھی کوئی گوشہ عافیت نہیں ہوتا۔

صحراؤں کی فضائیت، ہوا کی سنسناہٹ اور دریاؤں کی صدائے روانی اوروں کے لیے پیام امید ہوتی ہے۔ مگر ان کے کانوں میں ان سب سے نامرادی وفنا کی صدائیں اٹھ اٹھ کر طعنہ زن ہوتی رہتی ہیں۔ دنیا میں اگر بہار و خزاں، امید ویاس، شادی و غم، نغمہ و نوحہ، خندہ و گریہ اور فنا و بقا دو ہی چیزیں ہیں جن کی زمین کے بسنے والوں کو بخشش ہوئی ہے۔ تو مختصراً یوں سمجھ لیجئے کہ پہلی قوموں کو بہار و امید اور شادی و نشاط کا حصہ ملا ہے۔ اور دوسروں کو یکسر یاس و حزن نوحہ و ماتم اور گریہ وفغاں کا۔

ماخانہ رمیدگان ظلمیم

پیغام خوش از یار مانیست

وماظلمونا ولکن کانوا انفسھم یظلمون (57:2)

لیکن یہ حالات و نتائج کا ایک دور ہے جو نوبت بہ نوبت دنیا کی تمام قوموں بلکہ کائنات کی ہر شے پر طاری ہوتا ہے۔ قرآن کریم نے اسی طرف اشارہ کیا ہے۔

و تلک الایام نداولھا بین الناس (140:4)

امید ویاس، شادی و غم اور فتح وشکست کے یہ ایام ہیں جو نوبت بہ نوبت انسانوں پر گذرتے ہیں۔

دنیا میں کوئی شے نہیں جس نے غم سے پہلی خوشی کے دن نہ دیکھے ہوں اور باغ میں کونسا درخت ہے جس نے خزاں کے جھونکوں کے ساتھ نسیم بہار کی لذتیں بھی نہ لوٹی ہوں۔ دنیا عالم اسباب ہے اور یہاں کا ایک ذرہ بھی قوانین فطریہ وسلسلہ علل واسباب کی ماتحتی سے باہر نہیں۔ پس یہ انقلاب کی حالت بھی ایک قانون الٰہی اور ناموس فطری کے تحت ہے۔ جس نے ہمیشہ اس عالم میں یکساں نتائج پیدا کئے ہیں اور ان میں تبدیلی ممکن نہیں۔

فلن تجد لسنت اللہ تبدیلا (43:35)

اللہ کے بنائے ہوئے قانون میں تم کبھی تبدیلی نہ دیکھوگے۔

باغ و چمن میں بہار و خزاں کا انقلاب ہو، دریاؤں میں مد و جزر کا اتار چڑھاؤ ہو۔ سمندروں میں سکون و ہیجان کا تغیر ہو۔ افراد حیوانی کی حیات و ممات اور شباب و کہولت کا ایاب و ذہاب، افراد کی صحت وعلالت اور اقوام کا عروج وزوال یہ تمام حالتیں فی الحقیقت انہی قوانین فطریہ کے ماتحت ہیں جن کو۔ فاطر السموت والارض۔ نے اس عالم کے نظام و قوام کے لیے روز ازل سے مقرر کر دیا ہے۔ پھر جن افراد و اقوام نے ان قوانین کے مطابق راہ امید اختیار کی ہے، ان کے لیے امید کی زندگی ہے اور جنھوں نے اس سے روگردانی کی ہے، ان کے لیے نامرادی وناکامی کی مایوسی ہے۔ قانون جرم کی سزا دیتا ہے۔ پر مجرم کو جرم کرنے کے لیے مجبور نہیں کرتا۔ پس شکایت کارساز قدرت کی نہیں بلکہ خود اپنی ہونی چاہیے۔ خدا نے امید کا دروازہ کسی پر بند نہیں کیا ہے اور زمین کی راحت کسی ایک قوم کے ورثہ میں نہیں دے دی ہے۔ اس نے پھول اور کانٹے دونوں

پیدا کئے ہیں۔ اگر ایک بد بخت کانٹوں پر چلتا ہے مگر پھولوں کا دامن میں نہیں چنتا تو اسے اپنی محرومی پر رونا چاہیے باغبان کا کیا دوش۔

فماکان اللہ لیظلمھم ولکن کانوا انفسھم یظلمون(70:9)خدا کے انصاف سے بعید تھا کہ وہ کسی پر ظلم کرے مگر افسوس کہ بد اعمالیاں کر کے خود آپ انہوں نے اپنے نفسوں پر ظلم کیا۔

دوسری جگہ فرمایا۔

ذلک بماقدمت ایدیکم وان اللہ لیس بظلام للعبید(182:3)

یہ سب بربادیاں تم نے اپنے ہاتھوں مول لیں ورنہ اللہ تو اپنے بندوں کے لیے کبھی ظالم نہیں۔

اس نے دنیا کے آرام وراحت اور عیش و کامرانی کو انسان کے ماتحت نہیں بلکہ انسانی اعمال کا محکوم بنایا ہے اور جب تک کوئی قوم خود اپنے اعمال میں تبدیلی پیدا نہیں کر دیتی۔ اس پر زمین کی راحتوں کا دروازہ بھی بند نہیں ہوتا۔

ذالک بان اللہ لم یک مغیرا نعمۃ انعمھاعلیٰقوم حتی یغیروامابا نفسھم وان اللہ سمیع علیم(53:8)

ان قوموں کو نامرادی ومایوسی کی یہ سزا اس لیے دی گئی کہ ایسا ہی اس کا قانون ہے جو نعمت خدا نے کسی قوم کو دی ہو پھر کبھی واپس نہیں لی جاتی۔ تا آنکہ خود وہ قوم اپنی صلاحیت اور قابلیت کو بدل نہ ڈالے۔

ماضی اور حال

یہ انقلاب قدرتی ہے اور نہیں معلوم اس دنیا میں کتنے دور قوموں اور ملکوں پر اس کے گذر چکے ہیں۔ آج امید و کامیابی کے جس آفتاب سے غیروں کے ایوان اقبال روشن ہو رہے ہیں، کبھی ہمارے سروں پر بھی چمک چکا ہے اور جس بہار کے موسم عیش و نشاط سے ہمارے حریف گذر رہے ہیں، ایک زمانہ تھا کہ ہمارے باغ و چمن ہی میں اسکے جھونکے آیا کرتے تھے۔ اب کس سے کہیے کہ کہنے کا وقت ہی چلا گیا۔

گذر چکی ہے یہ فصل بہار ہم پر بھی

ہم ہمیشہ سے ایسے نہیں جیسے کہ اب نظر آ رہے ہیں۔ زمانہ ہمیشہ ہم سے برگشتہ نہیں رہا۔ مدتوں امید کا ہم میں اشیانہ رہا ہے۔ بلکہ ہمارے سوااس کا کہیں ٹھکانہ نہ تھا۔ اب دنیا میں ہمارے لیے ماتم و نا امیدی، دوہی کام کرنے کے لیے باقی رہ گئے ہیں۔ لیکن زیادہ دن نہیں گذرے کہ ہماری زندگی کے لیے اس دنیا میں اور بھی بہت سے کام تھے۔

وبلونا ھم بالحسنات والسیئات لعلھم یرجعون (7:168)

اور ہم نے ان قوموں کو اچھی اور بری امید اور مایوسی، فتح اور شکست دونوں حالتوں میں ڈال کر آزمایا کہ شاید یہ بداعمالیوں سے توبہ کریں اور راہ حق بھی اختیار کر لیں۔

ان فی ذالک لایۃ وماکان اکثر ھم مؤمنین (8:26)

اور بے شک اس انقلابی حالت میں عبرت و موعظت کی بہت سی نشانیاں ہیں۔ مگر ان میں اکثر لوگ ایمان وایقان کی دولت سے محروم تھے۔

ہجوم یاس و اختلال نظام امید

من کان یظن ان لن ینصرہ اللہ فی الدنیا والاخرۃ فلیمذ دبسب الی السماء ثم لیقطع فلینظر

ھل یذھبن کیدہ مایغیظ وکذلک انزلنہ آیات بینات وان اللہ یھدی من یرید(16:15:22)

جو شخص مایوس ہو کر اللہ کی نسبت ایسا ظن رکھتا ہو کہ اب دنیا و آخرت میں خدا اس کی مدد کرے ہی گا نہیں، تو پھر اس کو چاہیے کہ اوپر کی طرف رسی تانے اور اس کا پھندا بنا کر اپنے گلے میں پھانسی لگا لے اور اس طرح زمین سے جہاں اب وہ اپنے لیے مایوسی سمجھتا ہے، اپنا تعلق قطع کر لے۔ پھر دیکھے کہ آیا اس تدبیر سے اس کی وہ شکایت جس کی وجہ سے مایوسی ہو رہی ہو، وہ دور ہو گئی یا نہیں۔ اس طرح ہم نے قرآن کریم میں ہدایت فلاح کی روشن دلیلیں اتاری ہیں کہ تم ان پر غور کرو۔ اور اللہ جس کو چاہتا ہے اس کے ذریعے سے ہدایت بخشتا ہے۔

ایک ہم ہیں کہ ہوئے ایسے پشیمان کہ بس
ایک وہ ہیں کہ جنہیں چاہ کے ارماں ہوں گے

موجودہ جنگ بلقان اور جنگ اسلام و فرنگ کی جب بھی تاریخ لکھی جائے گی تو اس میں شاید سب سے زیادہ موثر اور درد انگیز باب مسلمانان عالم کے اضطراب امید و بیم کا ہو گا۔ یہ سچ ہے کہ میدان جنگ میں صرف مجاہدین ترک تھے۔ لیکن ہزاروں ہیں جنہیں خواب غفلت سے مہلت نہیں تو ان کی تعداد بھی کم نہیں جو گو اب تک بستروں پر لیٹے ہیں مگر اضطراب کی کروٹیں بھی بدل رہے ہیں اور یہ یقیناً کار فرمائے قدرت کی ایک سب سے بڑی توفیق بخشی ہے۔ اگر موسم کے بدلنے کا وقت آگیا ہے تو اتنے آثار بھی کم نہیں۔ ہم نے بڑے بڑے آتش کدوں اور تنوروں کو دیکھا ہے۔ ان کے اندر آگ کے مہیب شعلے اٹھ رہے تھے۔ حالاں کہ چند گھنٹے پیشتر ان کی تہہ میں چند بجھی ہوئی چنگاریوں کے سوا اور کچھ نہ تھا۔ انہی خاکستر کے تودوں میں چھپی ہوئی چنگاریوں کو جب باد تند و تیز کے

چند جھونکے میسر آ گئے تو چشم زون میں دہکتے ہوئے انگاروں اور اچھلتے ہوئے شعلوں سے تنور بھر گیا۔ پھر کیا عجب ہے کہ سوز تپش کی جو چنگاریاں اس وقت دلوں میں بجھی ہوئی نظر آ رہی ہیں توفیق الٰہی کی باد شعلہ افروز انہیں اس آتشکدہ حیات کو گرم کر دے جو افسوس ہے کہ روز بروز خاکستر سے بھرتا جا رہا ہے۔

ذالک بان اللہ یولج اللیل فی النھارویولج النھارفی اللیل وان اللہ سمیع بصیر(61:22)

بہتر ہے کہ اس بارے میں میری زبان پر صاف صاف سوالات ہوں پھر کیا وقت آ گیا ہے کہ ہم ہمیشہ مایوس ہو جائیں۔ کیا ہم یہ سمجھ لیں کہ امید و یاس کی تقسیم میں ایک ہمارے لیے صرف یاس ہی رہ گئی ہے اور تکمیل فنا میں جس قدر وقت باقی رہ گیا ہے اس میں صرف رفتہ کا ماتم اور آئندہ کی نامیدی دو ہی کام کرنے کے لیے باقی رہ گئے ہیں؟ کیا جو کچھ ہو رہا ہے، ہماری زندگی کی آخری مساعات اور موت کے احتضار کی آخری حرکت ہے؟

کیا چراغ میں تیل ختم ہو گیا اور بجھنے کا وقت قریب ہے اور سب سے آخر یہ کیا اعداء اسلام سے اسلام کا آخری مقابلہ ہو چکا ہے اور یسوع کی مصلوب اور مردہ لاش نے خدائے حی و قیوم پر فتح پائی۔ معاذاللہ

میں سمجھتا ہوں کہ یہ سوالات مختلف شکلوں میں آج بہتوں کے سامنے ہوں گے۔ ممکن ہے کہ مایوسی کا غلبہ میرے اعتقاد کو مغلوب کرے، اس لیے ممکن ہے کہ میں تسلیم کر لوں کہ ہمارے مٹنے کا وقت آ گیا ہے۔ مگر میں نہیں سمجھتا کہ کوئی مسلم قلب جس میں ایک ذرہ بھی برابر نور اسلام باقی نہیں ہے۔ ایک منٹ، ایک لمحہ ایک دقیقے اور ایک عشیرہ دقیقے کے لیے بھی اس کو مان سکتا ہے کہ اسلام کے مٹنے کا وقت آ گیا ہے۔ انسانوں ہی نے

ہمیشہ انسانوں کو مغلوب کیا ہے اور نئ قوموں نے ہمیشہ پرانی قوموں کی جگہ لی ہے۔ انسان کا حریف اس عالم میں دیو نہیں بلکہ انسان ہی ہے۔ پس یہ کوئی عجیب بات نہیں اگر ہم کو ہمارے صد سالہ دشمن آج مغلوب کر کے فنا کر دیں۔ مگر اے خدا کی رحمت کی توہین کرنے والو! میں یہ کیوں مان لوں کہ ایک مصلوب لاش حی و قیوم خدائے ذوالجلال کو مغلوب کر سکتی ہے اور مایوسی خواہ کتنی ہو مگر کیوں کر تسلیم کر لوں کہ انسانی گروہ خدائے قادر و ذوالجلال کی جبروت و کبریائی کو شکست دے سکتا ہے۔

حیران ہوں کہ آج مسلمان مایوس ہو رہے ہیں۔ حالاں کے میں تو کفر و مایوسی کے تصور سے کانپ جاتا ہوں، کیوں کہ یقین کرتا ہوں کہ مایوس ہونا اس خدائے ذوالجلال والاکرام کی شان رحمت و ربوبیت کے لیے سب سے بڑا انسانی کفر اور اس کی جناب میں سب سے زیادہ نسل آدم کی شوخ چشمی ہے۔ تم جو ان بربادیوں اور شکستوں کے بعد مایوس ہو رہے ہو تو بتلاؤ کہ تم نے خدائے اسلام کی قوت و رحمت کو کس پیمانہ سے ناپا۔ وہ کون سا کاہن ابلیس ہے جس نے خدا کے خزانہ رحمت کو دیکھ کر تمہیں بتلا دیا ہے کہ اب اس میں تمہارے لیے کچھ نہیں۔

اطلع الغیب ام اتخذ عندالرحمن عھدا۔(78:19)ام عندھم الغیب فھم یکتبون(41:52)

پھر تم کو کیا ہو گا کہ تم مایوس ہو رہے ہو اور کیوں کہ تم نے خدا کی طرف منہ پھیر لیا ہے تم کہتے ہو کہ اب ہمارے لیے مایوسی کے سوا کچھ نہیں حالانکہ ایک مسلم دل کے لیے نا امیدی سے بڑھ کر کوئی کفر نہیں۔

لقد جئتم شیئا ادا۔ تکادالسموت یتفطرن منہ وتنشق الارض وتخر الجبال ھذا(90:89:19)

یہ تم نے ایسی بڑی سخت بات منہ سے نکالی ہے جس کی وجہ سے عجب نہیں کہ آسمان پھٹ پڑیں، زمین شق ہو جائے اور پہاڑ ریزے ریزے ہو کر زمین کے برابر ہو جائیں۔

امید و بیم

ومن یقنط من رحمۃ ربہ الا الضالون(56:15)

خدا کی رحمت سے کافروں کے سوا اور کون مایوس ہو سکتا ہے۔

انسان شاید یاس و امید کے بارے میں کچھ فطرتاً عاجل ہے۔ اس کی فطرت سادہ بچوں کی مثال سے واضح ہے۔ بچوں کا قاعدہ ہے کہ ہر حالت کا اثر بغیر تفکر و تدبر کے دفعتہً قبول کر لیتے ہیں۔ روتے ہوئے بچے کو مٹھائی کا ایک ٹکڑا پکڑا دیجئے تو ہنسنے لگتا ہے اور چھین لیجئے تو فوراً مچل جاتا ہے۔

بعینہ یہ حال عقل و فکر کے نشو و نما کے بعد بھی انسان کا ہوتا ہے البتہ تاثیر و نتائج کی صورت میں بدل جاتی ہے۔ قرآن کریم نے اسی فطرت انسانی کی عجلت پسند کی طرف اشارہ کیا ہے۔ جبکہ کہا ہے کہ۔ خلق الانسان من عجل(37:21)انسان کی خلقت میں جلد بازی اور تعجیل کار ہے۔ مصائب کے حس و شادمانی کے غرور میں بھی دیکھے تو اس کی یہی جلد بازی اور زود اثری ہر موقع پر کام کرتی ہے۔ وہ کس قدر جلد غمگین ہو جاتا ہے اور پھر ایک روتے ہوئے بچے کی طرح جس کے ہاتھ میں مٹھائی کا ٹکڑا دے دیا گیا ہو، کس قدر جلد خوش ہو جاتا ہے۔ اس کی مایوسی اور امیدواری دونوں کا یہی حال ہے۔ جب کبھی وہ اپنی کسی توقع میں ناکامی دیکھتا ہے تو فوراً مایوس ہو کر بیٹھ رہتا ہے اور پھر جب کبھی کوئی کامیابی کی خبر سن لیتا ہے تو امید و مسرت کے ضبط سے عاجز ہو کر اچھل پڑتا ہے۔ حالانکہ نہ

تواس کو ان اسباب کی خبر ہے جو بشارت امید سے بعد میں پیش آنے والے ہیں۔ اس کی خداپرستی بھی اس جلد بازانہ یاس وبیم سے شکست کھا جاتی ہے اگر کوئی خوشی حاصل ہوتی ہے تو سمجھتا ہے کہ خدا میرے ساتھ ہے اور اگر نتائج حالات اور مشیت الٰہی کسی ابتلا و مصیبت میں ڈال دیتی ہے تو دیوانہ وار مایوس ہو جاتا ہے کہ خدا نے مجھے چھوڑ دیا ہے۔ سورۃ الفجر میں اسی حالت کی طرف اشارہ کیا ہے اور تمہارے اندر وہ کون سی شئے ہے جس کی طرف قرآن نے اشارہ نہیں کیا۔

فاما الانسان اذا ما ابتہ ربہ فاکرمہ ونعمۃ فیقول ربی اکرمن۔ وماآذا ما ابتلہ فقدر علیہ رزقہ فیقول ربی اھانن (16:15:89)

انسان کا حال یہ ہے کہ جب اس کا پروردگار اس کے ایمان کو اس طرح آزماتا ہے کہ اس کو دنیا میں عزت اور نعمت عطا فرماتا ہے تو فوراً خوش ہو جاتا ہے اور کہتا ہے کہ میرا پروردگار اعزاز و اکرام کرتا ہے اور جب اس کے ایمان کو کسی آزمائش میں ڈال کر اس طرح آزماتا ہے کہ اس کا رزق اس پر تنگ کر دیتا ہے یعنی مصیبت میں ڈال کر دیتا ہے تو پھر معاً مایوس ہو کر کہنے لگتا ہے کہ میرا پروردگار تو مجھے ذلیل کر رہا ہے اور میرا کچھ خیال نہیں کرتا۔

حیات امید وموت قنوط

منجملہ اس حالت کے سب سے زیادہ خطرناک گمراہی انسان کی وہ مایوسی ہے جو مصائب و آلام کا ہجوم دیکھ کر اپنے دل میں پیدا کر لیتا ہے اور اس طرح خود اپنے ہاتھوں اپنے مستقبل کے لیے نامرادی وناکامی کی بنیاد رکھ دیتا ہے۔

مایوسی سے بڑھ کر کوئی شے انسانیت کے لیے قاتل و مہلک نہیں اور دنیا کی تمام کامرانیاں صرف امید کے قیام پر موقوف ہیں۔ یہ امید ہی ہے جس نے زمینوں پر قبضہ کیا، پہاڑوں کے اندر سے راستہ پیدا کیا، سمندر کی قہاری کو مغلوب کیا ہے اور جب چاہا ہے اس میں اپنی سواری کے مرکب چلائے ہیں اور جب چاہا اس کے کناروں کو میلوں اور فرسخوں تک خشک کر دیا ہے۔ پھر امید ہی ہے جس نے مردہ قلوب کو زندہ کیا ہے۔ بستر مرگ سے بیماروں کو اٹھایا ہے۔ ڈوبتوں کو کناروں تک پہنچایا ہے۔ بچوں کو جوانی کی سی تیزی سے دوڑایا ہے اور بوڑھوں کو جوانوں سے زیادہ قوی و طاقتور بنا دیا ہے۔ جب کہ قومیں جواب دے دیتی ہیں۔ جب کہ زمانہ منہ پھیر لیتا ہے، جب کہ زمین کے کسی گوشہ سے صدائے ہمت نہیں آتی اور جب کہ تمام اعضائے عمل جواب دے دیتے ہیں تو امید ہی فرشتہ ہوتا ہے جو مسکراتا ہوا آتا ہے، اپنے پروں کو کھولتا ہے اور اس کے سایہ میں لے کر قوت و طاقت، ہمت و مستعدی و چستی و چالاکی کی ایک روح تازہ دلوں میں پیدا کر دیتا ہے۔ دنیا کی کامیابی اعمال کا نتیجہ ہے اور اعمال کے لیے پہلی چیز امید ہے۔ جب تک انسان کے اندر امید قائم ہے، مصیبتوں اور ہلاکتوں کے عفریت بھی سامنے آ کھڑے ہوں تو بھی اس کو شکست نہیں دے سکتے۔

اگر خون اور اس کا دوران انسان کی جسمانی حیات کے ضروری ہے تو یقین کیجئے کہ اخلاقی و ادبی حیات کے لیے امید اس کے اندر بمنزلہ روح کے ہے۔ جب تک اس کا دوران دل سے اٹھ کر اصطلاح حال دماغ سے نکل کر جسم کے تمام گوشوں میں حرارت عمل پیدا کر رہا ہے، اس کی قوت عمل زندہ اس کے اعضائے کار متحرک اور پائے مستعدی سرگرم تگاپو ہیں، لیکن جہاں روح دل سے نکلی۔ پھر جسم اجسانی کے لیے قبر کے سواء کہیں بھی کوئی ٹھکانا نہیں۔

ایک شخص جب مایوس ہو گیا جب اس نے یقین کر لیا کہ اب اس کے لیے دنیا میں کچھ نہیں، جب اس نے فیصلہ کر لیا کہ خدا اسے کچھ نہ دے گا تو ظاہر کہ اس کا دماغ کیوں نہ سوچے، دل میں امنگ کیوں پیدا ہو، ہاتھ کیوں ہلے اور پاؤں بڑھنے کے لیے کیوں متحرک ہوں۔

قوموں کی زندگی ایک بہت بڑی علامت یہ ہے کہ ان کا دل امید کا دائمی آشیانہ ہوتا ہے اور خواہ ناکامی اور مصائب کا کتنا ہی ہجوم ہو مگر امید کا طائر مقدس ان کے گوشے سے نہیں اڑتا۔ وہ دنیا کو ایک کارگاہ عمل سمجھتے ہیں اور امید کہتی ہے کہ یہاں جو کچھ ہے صرف تمہارے لیے ہے۔ اگر آج تم اس پر قابض نہیں تو غم نہیں کیوں کہ عمل و جہد کے بعد کل کو وہ تمہارے ہی لیے ہونے والی ہے۔ مصیبتیں جس قدر آتی ہے وہ ان کو صبر و تحمل کی ڈھال پر روکتے ہیں اور غم و اندوہ سے اپنے دماغ کو معطل نہیں ہونے دیتے بلکہ مصیبتوں کو دور کرنے اور ان کی صفوں پر غالب آنے کی تدابیر پر غور کرتے ہیں۔ نامرادی ان کے دلوں کو مجروح کرتی ہے مایوس نہیں کرتی اور غم کے لشکر سے ہزیمت اٹھاتے ہیں، پر بھاگتے نہیں۔

دنیا ایک میدان کارزار ہے اور جس چیز کو تم عمل کہتے ہو۔ دراصل یہ ایک حریفانہ کش مکش اور مقابلہ ہے۔ پس جس طرح جنگ میں رہنے والے سپاہیوں کو فتح و شکست سے چارہ نہیں وہ کبھی زخمی کرتے ہیں اور کبھی خود زخمی ہوتے ہیں۔ اسی طرح دنیا میں بھی مخلوق بستی ہے اسے کامیابی اور ناکامی اور فیروز مندی و نامرادی سے چارہ نہیں کیا ضرور ہے کہ ہمیشہ ہماری تلوار اور دشمن کی گردن ہو کیوں نہ ہم اپنے سر و سینے میں بھی زخم کے نشان پائیں۔ بستر پر آرام کرنے والوں کو رونا چاہیے کہ پاؤں میں کانٹا چبھ گیا۔ لیکن سپاہی کو زخموں پر زخم کھا کر بھی اف نہیں کرنا چاہیے۔ کیوں کہ اس کی جگہ تو بستر نہیں۔ بلکہ

میدان جنگ ہے۔

شکست و زخم کا خوف ہے تو میدان جنگ میں قدم ہی نہ رکھو اور تلواروں سے بچنا چاہتے ہو تو تمہارے لیے بہترین جگہ پھولوں کی سیج ہے۔ چلو گے ٹھوکر کھاؤ گے اور لڑو گے تو زخم سے چارہ نہیں۔ پس اگر ٹھوکر لگی ہے تو آنکھیں کھولو اور بیٹھ کر رونے کی جگہ تیزی سے چلو کیوں کہ جتنی دیر بیٹھ کر تم نے اپنا گھٹنا سہلایا، اتنی دیر میں قافلہ اور دور نکل گیا۔

پھر اگر دشمن کی کاٹ نے زخمی کیا ہے تو بھاگتے کیوں ہو۔ مایوسی خود کشی ہے اور امید زندگی، زیادہ چابک دستی سے پیکار جنگ کے لیے تیار ہو جاؤ کیوں کہ جب تک دوسروں کو زخمی کرتے تھے زیادہ ہمت مطلوب نہ تھی لیکن زخم کھا کر تم نے معلوم کر لیا کہ دشمن توقع سے زیادہ قوی ہے اور اب پہلے سے زیادہ ہمت اور مستعدی مطلوب ہے۔

میں نے کہا کہ قومی زندگی کی سب سے بڑی علامت یہ ہے کہ اس کا ہر فرد ایک پیکر امید ہوتا ہے اور اپنے دل کو امید کی جگہ سمجھتا ہے نہ کہ مایوسی کی۔ لیکن اتنا ہی نہیں بلکہ یوں کہنا چاہیے کہ زندہ قوموں کے لیے مایوسی کے اسباب میں امید کا پیغام ہوتا ہے اور مصیبتیں جتنی بڑھتی ہیں، اتنی ہی وہ اپنی امید کو اور زیادہ محبت اور پیار سے پالتے ہیں۔ مصیبتیں ان کو مایوس نہیں کرتیں بلکہ غفلت سے ہوشیار کر دیتی ہیں اور عبرت و تنبیہ کی صورت میں ان کے سامنے آتی ہیں۔ وہ مصائب کے سیلاب کو دیکھ کر بھاگتے نہیں بلکہ اس راہ کو ڈھونڈ کر بند کرنا چاہتے ہیں جہاں سے اس نے نکل کر بہنے کی راہ نکالی ہے۔ پس مصائب ان کے لیے ہو جاتے ہیں اور نامرادی ان کے کامیابی کا دروازہ کھول دیتی ہے۔ وہ جس قدر کھوتے ہیں اتنا ہی زیادہ پاتے ہیں اور جس قدر گرتے ہیں۔ اتنا ہی زیادہ مستعدی سے اٹھتے ہیں۔ وہی دنیا جو کل تک ان کے لیے نامرادیوں کی دوزخ تھی

یکایک کامیابیوں کا بہشت بن جاتی ہے اور جس طرف دیکھتے ہیں، تخت فتحیابی بچھے ہوئے اور انہار کامرانی بہتی نظر آتی ہے۔ یہی بہشت امید ہے جس کے رہنے والوں کی نسبت کہا گیا ہے کہ:۔

متکین فیھاعلیٰالارائک لایرون فیھاشمساولازمھریرا(13:76)

کامیابی و فیروز مندی کے تخت پر تکئے لگائے بیٹھے ہوں گے۔ غم و اندوہ کی سوزش و تپش کا انہیں حس تک نہ ہو گا۔ کیوں کہ وہ اللہ کی رحمت سے مایوس نہیں ہوتے پس دنیا بھی ان کو مایوس نہیں کرتی۔ زندگی امید اور موت قنوط۔

لیکن اسی طرح قومی زندگی کے ایام ممات اور انسانی ارتقائے حیات کا سدباب اس دن سے شروع ہوتا ہے جس دن کاشانہ دل سے امید کا جنازہ اٹھتا اور مایوسی کا لشکر فنا امنڈ تا ہے جس فردیا جس قوم کا مصیبتوں اور ناکامیوں کے لیے عالم میں مایوس دیکھو۔ یقین کرو کہ اس کا آخری دن آ گیا۔ مصیبتیں تو اس لیے تھیں کہ غفلت کو شکست اور ہمت کو تقویت ہو لیکن جو لوگ اللہ کی رحمت سے مایوس ہو جاتے ہیں دنیا کے اعمال و تدابیر کا دروازہ اپنے اوپر بند کر لیتے ہیں اور یہ سمجھ لیتے ہیں کہ اب ہمارے لیے دنیا میں کچھ نہیں رہا وہ تو خود اپنے لیے زندگی کے بدلے موت کو پسند کرتے ہیں۔ پھر دنیا کی کامیابی زندگی کو لڑ کر لینے والوں کے لیے ہے، مٹ جانے کے متلاشی کے لیے نہیں ہے۔

دیکھو قرآن کریم نے کیسے جامع الفاظ میں ایسے لوگوں کی حالت اور ان کی مایوسی کے نتائج کی طرف اشارہ کیا ہے اور اس نے کسی چیز کی طرف اشارہ نہیں کیا مگر افسوس کہ بہت کم لوگ ہیں جو اس کی صداؤں پر کان لگاتے ہیں۔

ومن الناس من یعبد اللہ علی حرف فان اصابہ خیر اطمان بہ وان اصابتہ فتنۃ القلب علی وجھہ خسر الدنیاوالاخرۃ ذالک ھوالخسران المبین(11:22)

اور انسانوں میں بعض ایسے ہیں جو خدا کی پرستش تو کرتے ہیں مگر ان کے دلوں میں استقامت نہیں ہوتی اگر ان کو کوئی فائدہ پہنچ گیا تو مطمئن ہو گئے۔ اگر کبھی مصیبت آپڑی تو جدھر سے آئے تھے ادھر ہی کو لوٹ گئے یعنی مایوس ہو کر ایمان سے ہاتھ اٹھالیا۔ یہ لوگ ہیں کہ جنہوں نے اپنی دنیا بھی کھوئی اور آخرت بھی اور یہی سب سے بڑا اور صریح نقصان ہے۔

فرمایا کہ:۔

خسر الدنیا والاخرۃ:۔

کیوں کہ مایوسی کے بعد انسان کی قوت عمل معطل ہو جاتی ہے پھر وہ نہ صرف دنیا ہی میں ناکام و نامراد رہتا ہے بلکہ عاقبت کی خوش حالی سے بھی ناامیدی ہی ملتی ہے۔

انسان کا فرض سعی و تدبر ہے اور جب تک اس دنیا کی سطح پر باقی ہے اس کو سعی و کوشش سے باز نہیں آنا چاہیے۔ ہمارا کوئی عزیز بیمار ہوتا ہے۔ اور اس کی حالت صحت کی طرف سے مایوس کر دیتی ہے۔ ڈاکٹر بھی جواب دے دیتے ہیں۔ تاہم سعی و علاج سے آخری ساعت نزع تک باز نہیں آتے۔ جب افراد کے ساتھ ہمارا حال یہ ہے تو تعجب ہے کہ قوم و ملت کے ساتھ نہ ہو۔ کس کو معلوم ہے کہ کب دروازہ رحمت کھلنے والا ہے اور کب بارش ہونے والی ہے۔ دہقان کا کام صرف یہ ہے کہ تخم پاشی کرتا رہے۔

چوں دمبدم عنایت توفیق ممکن است

در تنگنائے نزع نہ کوشد کسے چرا

ہاں اگر یہ سچ ہے تو بے شک تمہاری لافناء زندگی کو جسے قیصر روم اور کسرائے فارس موت سے بدل نہ سکا تھا۔ اس نے مجروح کر دیا ہے۔ تمہارے ان آہنی جسموں کو جنہیں یرموک کے میدان میں متمدن رومیوں کے لاکھوں تیروں کے نشانے زخمی نہ کر سکے

تھے یقیناً اس نے خاک و خون میں تڑپا دیا ہے اور تمہارے ان نشان ہائے توحید اور علمہائے دین الٰہی کو جسے آٹھ صلیبی حملوں کے لاکھوں نیزے بھی نہ گرا سکے تھے۔ سچ یہ ہے کہ سر دیا کے سور چرانے والے نے آج پارہ پارہ کر کے گرا دیا ہے۔ پھر اس میں شک کہ تم مر گئے تم جو کبھی نہیں مر سکتے تھے یقیناً مر گئے۔ تم کو تمہاری رگوں کے اندر خدا کی روح جلال جاری ہے اور اس کی نصرت و حمایت کے ملائکہ مسومین تمہارے آگے دوڑتے تھے۔ یقیناً آج مر گئے پس جس قدر تم کو ماتم کرنا ہے اور جس قدر جلد اپنی قبر کھود سکتے ہو کھود لو کیوں کہ خدا کی رحمت اور دنیا کی زندگی صرف امید رکھنے والوں کے لیے ہے اور مایوسی کا نتیجہ موت کے سوا اور کچھ نہیں۔ خدا تم کو نہیں چھوڑتا، پر تم اسے چھوڑ رہے ہو۔ وہ تمہاری طرف دیکھتا ہے لیکن تم نے ناامید ہو کر اس کی طرف سے منہ موڑ لیا۔ تم کو معلوم نہیں کہ یہی مایوسی ہے جس کو تمہارے خدا نے کفر کی خودکشی سے تعبیر کیا ہے۔

من کان یظن ان لن ینصرہ اللہ فی الدنیاوالاخرۃ فلیمدد بسبب الی السماء ثم لیقطع فلینظر ھل یذھبن کیدہ مایغیظ۔۔ کذلک انزلنہ آیات بینات وان اللہ یھدی من یرید(16:15:22)جو شخص مایوس ہو کر اللہ کی نسبت ایسا ظن رکھتا ہو کہ اب دنیا و آخرت میں خدا اس کی مدد کرے گا ہی نہیں تو پھر اس کو چاہیے کہ اوپر کی طرف ایک رسی تانے اور اس کا پھندا بنا کر اپنے گلے میں پھانسی لگا لے اور اس طرح زمین سے جہاں اب وہ اپنے لیے مایوسی سمجھتا ہے۔ اپنا تعلق قلع کرے پھر دیکھے کہ آیا اس تدبیر سے اس کو شکایت جس کی وجہ سے مایوس ہو رہا تھا، دور ہو گئی ہے اس طرح ہم نے قرآن کریم میں ہدایت و فلاح کی روشن دلیلیں اتاری ہیں تا کہ تم ان پر غور کرو اور اللہ جس کو چاہتا ہے اس کے ذریعے سے ہدایت بخشتا ہے۔

دنیا میں ہمیشہ واقعات کا مطالعہ کرنے کے لیے دو طرح کی نظریں رہی ہیں، ایک

امید کی اور دوسری مایوسی کی۔ حکمائے یونان کی نسبت سنا ہو گا کہ آثار و نتائج عالم پر بحث کرتے ہوئے ان میں دو مختلف مذاہب امید و مایوسی کے تھے پھر جس طرح کی نظر سے تم دنیا کو دیکھو گے۔ وہ اسی رنگ میں نظر آئے گی۔ مایوسی کی نظر سے دیکھو تو اس کے دلائل بے شمار ہیں اور امید کا مذہب اختیار کرو تو اس کے پہلو مایوسی سے کم نہیں۔ اسلام ہم کو ہمیشہ امید کی تلقین کرتا ہے پس کیوں نہ ہم امید کے پہلوؤں ہی پر نظر ڈال لیں۔

ان تیرہ سو برس کے اندر کتنی قومیں آئیں اور اپنی اپنی باری میں حفاظت اسلام کی خدمت انجام دے کر چلی گئی۔ جب تک انہوں نے اسلام کا ساتھ دیا اپنے اعمال و اعتقادات میں اس سے منہ نہیں موڑا، اس وقت تک وہ بھی ان کے ساتھ رہا۔ لیکن جب انہوں نے اپنی صلاحیت اور قابلیت کھو دی اور اس مقصد کو بھول گئے جس کی انجام دہی کے لیے زمین کی وراثت ان کو دی گئی تھی تو ان کا دور فرمائی ختم ہو گیا اور اللہ نے اپنے دین کی حفاظت کی امانت کسی دوسری جماعت کے سپرد کر دی۔ وہ اپنے کلمہ مقدس کی حفاظت کے لیے ہمارا محتاج نہیں ہے بلکہ ہم اپنی زندگی کے لیے اس کے دین مبین کی خدمت گذاری کے محتاج ہیں۔

یا ایھا الناس انتم الفقراء الی اللہ واللہ ھوالغنی الحمید۔ ان یشائذ ھبکم ویاب بخلق جدید وماذالک علی اللہ بعزیز (17:15:35)

***

تجدید و تاسیس

حضرات! اس وقت میں آپ کی توجہ ایک خاص مسئلہ کی طرف متوجہ کرنا چاہتا ہوں، وہ ہے تاسیس و تجدید کا فرق۔ ہماری قومی و جماعتی ترقی کے لیے تاسیس سراسر تباہی و ہلاکت ہے اور تجدید ضروری ہے۔ میں نے دو لفظ بولے ہیں۔ ایک تاسیس اور ایک تجدید۔ ان کے معانی آپ پر روشن ہیں۔

تاسیس اساس سے ہے جس کے معنی یہ ہیں کہ از سرنو کسی چیز کو بنانا۔ تجدید جدت سے ہے اور اس کے معنی یہ ہیں کہ کسی پیشتر کی بنی ہوئی چیز کو تازہ کرنا اور اس طرح سنوار دینا گویا وہ بالکل نئی ہو گئی۔ آج ہمارے قومی کاموں کی ہر شاخ میں ایک بنیادی غلطی یہ ہے کہ ہم نے اصولی طور پر طریق اصلاح کا فیصلہ نہیں کیا۔ مسلمانوں کی اصلاح حال کے لیے ضرورت طریقہ تاسیس کی ہے یا تجدید کی یعنی ضرورت یہ ہے کہ از سرنو نئی باتیں، نئے طریقے، نئے ڈھنگ، نئے نظام اور نئی نئی چالیں اختیار کی جائیں یا صورت حال یہ ہے کہ پہلے سے ایک کارخانہ ملت موجود جس کو اپنی بقاء اور ترقی کے لیے کسی نئی بات کی احتیاج نہیں بلکہ طرح طرح کی خرابیاں عارض ہو گئی ہیں اور بہت سی نئی نئی باتیں پڑھا دی گئیں ہیں۔ پس ضرورت صرف اس امر کی ہے کہ خرابیاں دور کر دی جائیں، چھوٹی ہوئی چیزیں واپس لے لی جائیں اور اس کو ویسا ہی بنا دیا جائے جیسا کہ اصل میں تھا۔ تاسیس کے معنی تو یہ ہوئے کہ آپ نے ایک پرانی عمارت گرا کر اور اس کو از سرنو تعمیر کر کے بنایا جائے۔ تجدید یہ ہوئی کہ مکان پہلے سے موجود ہے صرف شکست و ریخت کی درستگی

مطلوب ہے۔ پس آپ نے نقائص دور کر کے اسے درست کر لیا۔ ہم کو غور کر لینا چاہیے کہ بناء ملت کی درستگی کے لیے تعمیرات اساسیہ مطلوب ہیں یا صرف اصلاحات تجدیدیہ۔ پس اگر تاسیس مطلوب ہے تو بلاشبہ ہمارا پہلا کام یہ ہو گا کہ نئے نئے ڈھنگ اختیار کریں۔ لیکن اگر تجدید کی ضرورت ہے تو ہمیں نئی نئی چیزوں کی ضرورت نہ ہو گی۔ بلکہ صرف یہ دیکھنا ہو گا کہ پہلے سے جو چیزیں موجود ہیں، ان کا کیا حال ہے اور ان میں جو جو خرابیاں پیدا ہو گئی ہیں وہ کیوں کر دور کر جا سکتی ہیں۔ حضرات دین کامل ہو چکا ہے اور اتمام نعمت کا اعلان کر دیا گیا ہے۔

الیوم اکملت لکم دینکم واتممت علیکم نعمتی ورضیت لکم الاسلام (3:5)

آج ہم نے تمہارے دین کو کامل کر کے اپنی نعمت تم پر پوری کر دی ہے اور وہ پسندیدہ دین اسلام ہے اور مجھے یقین ہے کہ مسلمانوں میں ایک فرد بھی ایسا نہ ہو گا جو یہ کہے کہ اصلاح ملت اسلامیہ کے لیے شریعت قرآنیہ کی تعلیمات و نظامات کافی نہیں ہیں اور ہمیں غیر مسلموں کی تقلید اور دریوزہ گری کی ضرورت ہے۔ پس یہ اصل تو شفق و مسلم ہے کہ راہ اصلاح میں ضرورت صرف تجدید کی ہے تاسیس کی نہیں اور خود شارع علیہ الصلوۃ والتسلیمات نے بھی ہمیں تجدید کی خبر دی ہے نہ تاسیس کی جیسا کہ ابوداؤد میں ابوہریرہ سے روایت ہے۔

ان اللہ یبعث لھذہ الامۃ علی راس کل مائۃ سنۃ من یجدد لھا دینھا۔

میری امت کی خاطر اللہ تعالیٰ ہر سو سال میں ایک مجدد بھیجے گا جو تجدید دین کریگا۔

لیکن میں کروں گا کہ اگر یہ سچ ہے تو عملاً نتیجہ اس اعتقاد کا یہ ہونا چاہیے کہ ہمارا قدم طلب اصلاح میں تجدید کی طرف ہو جائے اور وقت کے نظر فریب اسلوب کار علی الخصوص یورپ کے مجلسی و اجتماعی طریقے ہمیں نظم شرعی سے روگردان نہ کریں۔

افسوس کہ اس تک تمام داعیان اصلاح کا طرز عمل اس کے مخالف رہا ہے اور یقین کیجئے کہ یہی علت ہے کہ اس وقت تک ہماری کوئی اصلاح و ترقی فوز و فلاح نہ پا سکی۔ اسلام اگر دین کامل ہے تو ضرورت ہے کہ اس نے اپنے پیرووں کی تمام انفرادی و اجتماعی اور مدنی ضروریات کے لیے کامل و اتم تعلیم دیدی ہو اور اگر وہ دین آخری ہے تو ضروری ہے کہ اس کی تعلیم اور شارع کی عملی سنت ہر عہد، ہر زمانے اور ہر حالت اور ہر شکل کے لیے رہنما و کفیل ہو۔ ہمارا ایمان ہے کہ حقیقت ایسی ہے اور اسلام نے ہمارے تمام اجتماعی و قومی برکات کا سامان کر دیا ہے۔ لیکن پھر یہ کیا مصیبت ہے کہ ہم ان کھوئی ہوئی برکتوں کو واپس نہیں لینا چاہتے بلکہ نئی نئی راہوں کی جستجو میں حیران و سرگرداں ہیں۔

حضرات! غور سے سنو کہ قوم افراد سے مرکب ہے کہ ایک جماعتی سلک میں تمام افراد منسلک ہو جائیں اور تفرقہ و تشتت کی جگہ وحدت و اتحاد پر افراد کی شیرازہ بندی کی جائے۔ ہم اس کی ضرورت محسوس کرتے ہیں کہ لیکن یورپ کے اجتماعی طریقوں کی نقالی کرنا چاہتے ہیں اور یہ بھول جاتے ہیں کہ آخر اسلام نے بھی حیات اجتماعی کے لیے کوئی نظم ہمیں دیا تھا یا نہیں۔ اگر دیا تھا اور ہم نے اسے ضائع کر دیا تو یورپ کی دریوزہ گری سے پہلے خود اپنی کھوئی چیز کیوں نہ واپس لے لیں اور سب سے پہلے اسلام کا قرار دادہ نظام جماعتی کیوں نہ قائم کریں۔ ہم دیکھتے ہیں کہ جب تک مجالس نہ ہوں، اجتماعیات نہ ہوں، انجمنیں نہ ہوں، کانفرنسیں نہ ہو، تو کوئی قومی عمل انجام نہیں پاسکتا۔ نہ اتحاد و تعاون کی برکت حاصل ہو سکتی ہے۔ پس ہم آج کل کے مجلسی طریقوں کے مطابق انجمنیں بناتے ہیں۔ کانفرنسیں منعقد کرتے ہیں۔ مگر ہم میں سے کسی کو بھی اس کا خیال نہیں آتا کہ اسی مقصد اجتماع و تعاون کے لیے اسلام نے بھی پانچ وقت کی نماز با جماعت، جمعہ، عیدین اور حج کا حکم دیا ہوا ہے لیکن اس کا نظام و قوام درہم برہم ہو گیا ہے۔ سب سے پہلے کیوں نہ اسے

درست کرلیں۔ ہم دیکھتے ہیں کہ جب تک کوئی قومی فنڈ نہ ہو اس وقت تک قومی اعمال انجام نہیں پاسکتے۔ پس ہم نئے نئے فنڈ قائم کرتے ہیں۔ یہ ٹھیک ہے مگر کاش کوئی یہ بھی سوچے کہ خود شریعت نے اس ضرورت کو رفع کرنے کے لیے زکوٰۃ وصدقات کا حکم دیا ہے۔ اس کا نظم ٹھیک ہے کہ نہیں۔ اگر وہ قائم ہو جائے تو پھر کیا کسی فنڈ یا چندہ کی ضرورت ہو گی۔ ہم دیکھتے ہیں کہ قوم کی تعلیم عام کے لیے مجامع ومحافل کی ضرورت ہے۔ ہم اس کے لیے نئی نئی تدبیریں کرنے لگتے ہیں مگر کبھی یہ حقیقت ہمارے دلوں کو بیقرار نہیں کرتی کہ عین اسی مقصد سے شریعت نے خطبہ جمعہ کا حکم دیا ہے اور ہم نے اس کی برکتوں کا دروازہ اپنے اوپر بند کرلیا ہے ہم دیکھتے ہیں کہ کوئی قومی واجتماعی کام انجام پا نہیں سکتا کہ جب تک اس میں نظم وانضباط نہ ہو اور یہ ہو نہیں سکتا جب تک کہ اس کا کوئی رئیس وقائد مقرر نہ کیا جائے۔ پس ہم تیار ہو جاتے ہیں کہ جلسوں اور انجمنوں کے لیے کوئی صدر تلاش کریں لیکن اگر یہی حقیقت شریعت کی ایک اصطلاح امامت کے لفظ میں ہمارے سامنے آتی ہے تو ہمیں تعجب وحیرانی ہوتی ہے اور اس کے لیے ہم تیار نہیں ہوتے۔ ان مثالوں سے مقصود یہ ہے کہ ہمارے لیے راہ عمل تجدید واحیا ہے نہ کہ تاسیس واختراع۔ پس کسی طرح بھی یہ طریق صواب نہ ہو گا کہ علمائے وقائدین کی جمعیت بھی اپنے نظام وقوام کے لیے محض آج کل کی مجلسوں کے قاعدوں کی نقل ومحاکات پر اکتفا کرلے۔ کیونکہ قائدین امت مرحومہ کا مقام اس سے بہت بلند ہے کہ عمل کے لیے ان مجلسوں کے ڈھنگوں اور طریقوں کے محتاج ہوں۔ ان کی راہ تو اتباع شریعت اور اقتداء بہ مشکوٰۃ نبوت کی ہے اور اسوہ حسنہ نبوت اور حکمت ورسالت نے انہیں تمام انسانی طریقوں سے مستغنی وبے نیاز کر دیا ہے۔ ہمارا طریق عمل تو یہ ہونا چاہیے کہ ہم تمام طرف سے آنکھیں بند کر کے حکمت اجتماعیہ نبویہ کو اپنا دستورالعمل بنالیں،

شریعت کے کھوئے ہوئے نظام کو از سر نو قائم واستوار کریں تاکہ اس طرح اسلام کی مٹی ہوئی سنتیں زندہ ہو جائیں۔ محض مجلس آرائی و ہنگامہ سازی ہمارے لیے کچھ سود مند نہیں ہو سکتی۔

حضرات: آج وقت کی سب سے بڑی مہم اور ادائے فرض اسلامی کی سب سے نازک اور فیصلہ گھڑی ہے جو آزادی ہند اور مسئلہ خلافت کی شکل میں ہمارے سامنے آگئی ہے۔ ہندوستان میں دس کروڑ مسلمان ہیں جو اس وقت سرشار غلفت تھے اور اب آمادہ ہوئے ہیں کہ اطاعت و اعانت خلیفہ، عہد حفظ و حمایت بلاد اسلامیہ اور آزادی ہندوستان کی ارہ میں اپنا اولین فرض اسلام سرانجام دیں۔ خدارا ابتلائے کہ اس صورت حال کا طریق کار کیا ہونا چاہیے اور ایسے وقتوں کے لیے آخر اسلام نے بھی کوئی نظام بتلایا ہے کہ نہیں یا وہ باوجود دعویٰ تکمیل شریعت معاذاللہ اس قدر نامراد ہو گیا کہ آج اس کے پاس وقت کی مشکل و مصیبت کا کوئی حل نہیں۔ اگر بتلایا ہے تو وہ کیا ہے یا محض انجمن سازی اور ہنگامہ مجلس آرائی ہے یا محض اتباع اراعی رجال اور تقلید ارباب ظن و تخمین ہے۔ علی وجہ البصیرت اعلان کرتا ہوں کہ اس بارے میں بھی شرعی راہ صرف وہی ایک ہے اور جب تک وہ ظہور نہ آئے گی ہماری کوئی سعی مشکور نہیں ہو سکتی اور کوئی کوشش بار اور ثابت نہیں ہو سکتی۔ جس طرح آج ہمارے لیڈر اور قائد ہمیں لے جا رہے ہیں کہ ہر بات میں یا یورپ کی تقلید کی جائے اور یا پھر دوسرے ابنائے وطن کے طریق کی نقل اتاری جائے اور ان کی اقتداء کی جائے۔ یقیناً یہ تباہی و ہلاکت کی راہ ہے۔ واحلواقومھم دارالبوار(28:14) کہ قوم کو تباہی اور ہلاکت کے گڑھے میں گرا رہے ہیں۔ ہمارے سامنے صرف ایک ہی راہ ہے اور وہ ہے قرآن کی راہ۔ قل بل ملۃ ابراھیم حنیفا وما کان من المشرکین(135:2)

کہ ہم تو صرف ملت ابراہیمی کی اطاعت کریں گے اور دوسری کوئی راہ نہیں جس کی ہم اطاعت کر سکیں اور یہی صراط مستقیم ہے کہ آدم علیہ السلام نے بھی اسی پر قدم رکھا۔ نوح علیہ السلام نے بھی پتھروں کی بارش میں اس کا وعظ کیا۔ ابراہیم علیہ السلام نے اس کی نشان دہی کے لیے قربان گاہ بنائی۔ اسماعیل علیہ السلام نے اسی کی اینٹیں چنیں۔ یوسف علیہ السلام نے مصر کے قید خانہ میں اسی کا اعلان کیا۔ موسیٰ علیہ السلام پر وادی طور پر میں اسی کی روشنی پر تجلی پڑی تھی۔ گلیلی کا اسرائیلی واعظ جب یروشلم کے نزدیک ایک پہاڑ پر چڑھا تو اس کی نظر اسی راہ پر تھی اور پھر جب خداوند سعیر سے چمکا اور فاران کی چوٹیوں پر نمودار ہوا تو وہی راہ تھی جس کی طرف اس نے دنیا کو دعوت دی کہ - ان ھذا صراطی مستقیما (6:135)۔ یہ ہے میری راہ فاتبعبونی پھر تم میری ہی اتباع کرو۔ پھر خدا را بتلاؤ آج ہم اس کو چھوڑ کر کدھر جائیں اور سراج منیر کو پس پشت ڈال کر کس سے روشنی حاصل کریں۔ پس یہی ہمارا ایمان ہے اور یہی ہمارا راستہ ہے۔ اب ہم اس نشست میں اسی کو بیان کرتے ہیں۔

تقلید کا دیوتا سنگ راہ ہے۔

ہر اصلاحی تحریک و دعوت کے لیے پہلے منزل تقلید کی بندشوں کو توڑنا ہوتا ہے کیونکہ تقلید کے اہرمن سے بڑھ کر انسان کے تمام یزدانی خصائل کا اور کوئی دشمن نہیں۔ انسانی اعمال کی جس قدر گمراہیاں ہیں ان سب کی تخم ریزی صرف تقلید ہی سرزمین میں ہوتی ہے۔ اس لیے راہ اصلاح کا اولین منظر یہ ہے کہ تقلید پرستی کے سلاسل و اغلال سے انسانوں کو نجات حاصل ہو۔ خدا تعالیٰ نے ہر انسان کو سوچنے والا اور ہر آنکھ کو دیکھنے والا

بنایا ہے۔

الم نجعل لہ عینین ولسانا وشفتین وھدیناہ النجدین(107:90)

کیا ہم نے انسان کو دیکھنے کے لیے آنکھیں نہیں دیں اور بولنے کے لیے زبان اور لبیں نہیں عطا کیں اور پھر ہدایت و ضلالت کی دونوں راہیں اس کے سامنے نہیں کھول دیں۔

اس لیے ہر انسان اپنی ہدایت و گمراہی کا ذمہ دار اور اپنے فکر و دماغ سے کام لینے کے لیے خود مختار ہے۔ لیکن انسان کی تمام قوتیں نشو و نما کی محتاج ہیں اور نشو و نما ہو نہیں سکتی جب تک قوتوں کو بغیر سہارے کے خود ورزش کے لیے چھوڑ نہ دیا جائے۔ انسان چلنے کی قوت اپنے ساتھ لے کر آتا ہے۔ بچے کو جب تک خود کھڑا ہونے اور پاؤں پر زور دینے کے لیے چھوڑ نہ دیجئے گا، کبھی اس کے پاؤں نہیں کھلیں گے۔ تقلید سے پہلی ہلاکت جو انسانی دماغ پر چھا جاتی ہے، وہ یہی ہے کہ انسان اپنے چند پیشواؤں اور مقتداؤں کی تعلیم یا آباء و اجداد کے طریق و رسوم پر اپنے تئیں چھوڑ دیتا ہے اور صرف انہی کا تعبد کرتے کرتے خود اپنی قوتوں سے کام لینے کی عادت بھول جاتا ہے۔ اس عالم میں پہنچ کر اس کی حالت بالکل ایک چوپائے کی سی ہو جاتی ہے اور انسانی ادراک و تعقل کی تمام صلاحیتیں مفقود ہونے لگتی ہیں۔ انسان کا اصل شرف نوعی اور مابہ الامتیاز اس کے دماغ کا تدبر و تفکر اور اجتہاد و تجس ہے۔ دنیا میں جس قدر علوم و فنون کا انکشاف ہوا، قوانین الہیہ اور نوامیس فطریہ کے چہروں سے جس قدر پردے اٹھے، اشیاء کائنات کے خواص کا کچھ سراغ لگا، تمدن و مصنوعات میں جس درجہ ترقیاں ہوئیں، نئے نئے حالات اور نئے نئے وسائل راحت جس قدر ایجاد ہوئے غرض کہ انسان کے ارتقاء ذہنی و فکری کے جس قدر کرشمے دنیا میں نظر آرہے ہیں۔ یہ تمام تر اسی انسانی تدبر و تفکر کے نتائج ہیں لیکن

تقلید پرستی کی عادت ہلاکت و بربادی کی ایک چٹان ہے جو انسانی تدبر و تفکر اور ادراک و تعقل کی تمام قوتوں کو کچل ڈالتی ہے اور اس کی قوت نشو و نما کا دائمی سدباب کر دیتی ہے۔ قرآن کریم جس دعوت کو لے کر آیا، فی الحقیقت اس کا اصل مقصد یہی تھا کہ تقلید اور استبداد فکری کی زنجیروں سے انسان کو نجات دلائے۔ بت پرستی اور انسان پرستی کی تمام شاخیں بھی اسی تقلید آباء و رسوم سے پیدا ہوتی ہیں۔ اسی لیے قرآن کریم نے اپنی تعلیم توحید کا اساس بھی انسان کی اجتہاد فکری پر رکھا اور تفکر پر زور دیا۔

افلایتدبرون القرآن ام علی قلوب اقفالھا (24:47) کیا لوگ اپنے دماغ سے قرآن پر غور نہیں کرتے یا ان کے دلوں پر قفل لگ گئے ہیں۔

مقلدین محض کو چوپائیوں اور حیوانوں سے تشبیہ دی ہے اور پھر اس کو بھی اظہار ضلالت کے لیے ناکامی قرار دے کر ان سے بھی بدتر فرمایا۔

لھم قلوب لایفقھون بھا و لھم اعین لایبصرون بھا و لھم اذان لایسمعون بھا اولئک کالانعام بل ھم اضل (179:7)

ان کے پاس دل و دماغ ہیں مگر نہیں سمجھتے۔ آنکھیں ہیں پر نہیں دیکھتے۔ کان ہیں پر نہیں سنتے۔ خود اپنے ذہن سے کام نہ لینے اور مقلد محض ہونے میں وہ مثل چوپائیوں کے ہیں بلکہ ان سے بھی گمراہ۔

پس خواہ مذہبی اصلاح ہو یا اخلاقی تمدن ہو یا سیاسی، ہر راہ میں پہلا پتھر تقلید کا حائل ہوتا ہے اور اگر یہ ہٹ جائے تو پھر آگے کے لیے راہ صاف ہے۔ ہم کو مسلمانوں کے موجودہ سیاسی تغیرات میں سب سے زیادہ مہلک اور تباہ کن جو چیز نظر آ رہی ہے وہ یہی لیڈروں کی تقلید پرستی ہے۔ اب فی الحقیقت پالیٹکس میں نہ تو قوم کی کوئی پالیسی ہے اور نہ کوئی رائے۔ صرف چند ارباب رسوخ و اقتدار میں جو اپنے محلوں میں بیٹھ کر تجویز بافی کر

لیتے ہیں اور پھر تمام قوم کی آنکھوں پر پٹی باندھ کر ان کے ہاتھوں میں اپنی چھڑی پکڑا دیتے اور وہ کنویں کے بیل کی طرح ان کے بنائے ہوئے مرکز ضلالت کا طواف کرتی رہتی ہے۔ اصل قوت عام قوم کی ہے اور سچی پالیسی وہی ہے جو خود قوم کے دماغوں میں پیدا ہوئی ہو۔ لیڈروں کا کام صرف یہ ہوتا ہے کہ اس کی نگہداشت کریں اور اس کو صحیح اور باقاعدہ تنظیم کے ساتھ ہمیشہ قائم رکھیں۔ لیکن افسوس کہ مسلمانوں لیڈروں نے نہ تو کبھی خود قوم کو سوچنے اور سمجھنے کا موقع دیا اور نہ خود قوم کو اپنے ذاتی اجتہاد اور قوت تدبر و فکر سے کام لینے کی مہلت دی۔ ابتدا سے لیڈروں کی یہی تعلیم رہی ہے کہ تقلید و اتباع پر قناعت کرو اور جو کچھ کہا جائے اس پر چون و چرا مت کرو۔ کیونکہ ابھی تم میں تعلیم نہیں اور کئی صدیوں تک چارپایوں کی سی زندگی بسر کرنے کے لیے مجبور ہو۔ نعوذ باللہ، پیشوایان قوم کا صحیفہ تعلیم بھی گویا کلام الٰہی تھا کہ:

واذا قری القرآن فاستمعوا لہ وانصتوا لعلکم ترحمون (204:7)

جب قرآن کریم پڑھا جائے تو پوری توجہ اور انقطاع کے ساتھ سنو اور چپ رہو تاکہ تم پر اللہ کی نظر ترحم مبذول ہو۔

پس ہر تحریک اصلاح اور جد وجہد تعمیر کے لیے تقلید پرستی کے سنگ راہ کو راستہ سے ہٹانا اولین فرض ہے اور اس کے بغیر ہر سعی عمل بے نتیجہ اور ہر کوشش رائیگاں ہے لیکن یہ یاد رکھنا چاہیے کہ تقلید پرستی کے مہلک مرض کا سرچشمہ اور منشاء و مبداء احباری و رہبانی سطوت و جبروت ہے۔ پس تقلید کے قید خانے سے آدمی اس وقت تک نہیں نکل سکتا جب تک پیشواؤں کے رعیت و جبروت کی زنجیروں سے رہائی نہ پائے۔ انسان کے نظام دماغی پر صرف اعتقادات کی حکومت ہے۔ پس جب اس کا دماغ کسی خارجی عظمت و جبروت کے اثر سے مرعوب ہو جاتا تو اس کے تمام اعمال و معتقدات میں اس مرعوبیت کا

اثر سرایت کر جاتا ہے۔ بلکہ وہ جو کچھ دیکھتا اور سنتا ہے وہ بھی اس مرعوبیت کے اثر سے خالی نہیں ہوتا۔ چونکہ اس کی قوت فکری بے کار ہو جاتی ہے اس لیے یہ مرعوبیت جو کچھ دکھاتی ہے دیکھتا ہے اور جو یقین دلاتی ہے یقین کرتا ہے۔ ایک بت پرست جب انتہاء درجہ کی عاجزی کے ساتھ ایک پتھر کی مورتی کے آگے سر ٹیکتا ہے تو کیا اس کا دماغ مختل ہو جاتا ہے اور کیا اس کی قوت بصارت جواب دے جاتی ہے کہ سوچنے اور سمجھنے والی قوت اس کے دماغ سے اس وقت چھین لی جاتی ہے تو کیا کوئی خاص قوت تفکر موحد اور اللہ پرست انسان کو نصیب ہے جو بت پرستوں کو نصیب نہیں۔ پھر کیا بات ہے کہ ہم کو جو شئے محض پتھر کا ایک ٹکڑا نظر آتی ہے۔ جو۔ مالا ینفعھم ولا یضرھم (55:25) کا درجہ رکھتی ہے اسی شئے میں بت پرست انہیں قوتوں اور عظمتوں کا کرشمہ دیکھتا ہے اور جو قوت فکری ہمیں اس پر ہنساتی ہے وہی اس کی طاقتوں کا اسے یقین دلاتی ہے۔ اس کا اصل سبب یہی ہے کہ تقلید آباء و رسوم نے ان بتوں کی عظمت و جبروت سے اس کے دماغ کو مرعوب کر دیا ہے اور تمام قوتیں و حواس اس کے گو قائم و صحیح ہیں، مگر اس رعب وسطوت کے بوجھ سے اس طرح دب گئی ہیں کہ ان کو اپنے اعمال کا موقعہ ہی نہیں ملتا۔ قوت فکری چاہے اس کے دل میں شکست اور تزلزل پیدا کرے کہ ان بتوں میں کیا دھرا ہی کیا ہے، مگر مرعوبیت اس کی مہلت ہی نہیں دیتی۔ آنکھیں چاہے اس کو دکھلائیں کہ یہ ایک حقیر و ذلیل پتھر ہے مگر مرعوبیت کی باندھی ہوئی پٹی دیکھنے ہی نہیں دیتی۔ اس کے پاس غور و فکر کی وہ تمام قوتیں موجود ہیں جو ایک موحد اور ملک السموات والارض پر غور کرنے والے حکیم کے پاس ہیں، مگر اعتقاد و عظمت کا دیوا نہیں اپنے پنجہ کی گرفت سے نکلنے نہیں دیتا۔ قرآن کریم نے اسی حالت کی نسبت فرمایا ہے:

فانھا لا تعمی الابصار ولکن تعمی القلوب التی فی الصدور (46:22)

گمراہوں کی آنکھیں اندھی نہیں ہو جاتیں بلکہ دل اندھے ہوتے ہیں جو ان کے سینوں میں ہیں۔ یہ حالت عام ہے اور اس کی نظیریں انسانی اعمال کی ہر شاخ میں مل سکتی ہیں، مذہب کی طرح پالیٹکس میں بھی اپنے پیشواؤں کی عظمت و جبروت کا رعب اس طرح چھایا ہوا ہے کہ ان کو کبھی خود غور کرنے اور اپنی حالت کو سمجھنے کی جرأت ہی نہیں ہو سکتی۔ اگر کبھی کسی شخص کے دل میں شک و شبہ بھی پیدا بھی ہو جائے تو اس مرعوبیت کے استیلاء سے شکست کھا جاتا ہے۔ پس ہر مصلح کے لیے سب سے پہلا کام قوم کے قلب و دماغ سے لیڈروں کی اس رہبانی سطوت اور احباری جبروت و قہرمانی کے کابوس کا نکالنا ہے تاکہ تقلید کی بندشیں توڑ کر قوم کو صراط مستقیم پر گامزن کرا کے منزل مقصود کی جانب حرکت دی جائے۔ یہی وجہ ہے کہ پیغمبروں اور ان کے جانشینوں کو ہمیشہ اسی بندش کے توڑنے اور سنگ راہ کو ہٹانے میں بڑے سے بڑے مصائب پیش آئے لیکن جب یہ بند ٹوٹ گیا تو۔ ید خلون فی دین اللہ افواجا(2:110)لوگ جوق در جوق فوجوں کی فوجیں دعوت پر لبیک کہنے لگیں۔ ھذا ما عندی والعلم عند اللہ۔

قرآنی مشعل راہ ضروری ہے

لیکن یہ جو کچھ بیان ہوا ہے تصویر کا ایک رخ ہے۔ یہ صرف سلبی پہلو ہے اور اسلام کا کوئی نظام اس وقت تک مکمل نہیں ہو سکتا۔۔۔ جب تک کہ سلب کے ساتھ ایجاب نہ ہو۔ اسی لیے اس کے ہر نظام و اصول کی تحمیل سلب و ایجاب اور نفی و اثبات دونوں سے مل کر ہوتی ہے۔ اسلام کا اساسی میثاق جس کو شریعت کی زبان میں کلمہ طیبہ کہا جاتا ہے، نفی و اثبات دونوں سے مرکت ہے۔ پس ضروری ہے کہ ارتقاء اسم کا قانون بھی سلب و

ایجاب سے مرکب ہو۔ اس کے اجزاء ترکیب میں دونوں کا وجود ناگزیر ہے تاکہ اجزاء سلبیہ لوح قلب کو تقلید اغیار سے صاف کریں اور ایجابی اجزاء کے نقوش اس پر کندہ کئے جائیں۔ اگر سلب نے تجلیہ کہا تو ایجاب کا کام کرے اور انسانی قلوب محلی ہو کر ارتقائی منازل طے کریں۔ اس لیے پہلی بحث میں ہم نے سلب و نفی پر روشنی ڈالی تھی۔ اب بحث میں اثبات و ایجاب پر کچھ نوک قلم کے سپرد کرتے ہیں۔ پس جیسے سلب میں ہر ماسوائی اللہ کی تقلید کی زنجیروں کو توڑنا ضروری ہے، ایسے ہی ایجاب میں صرف خداوندی کا طوق گلے میں ڈالنا ہے۔ انسان دنیا میں ہر طاقت کی غلامی سے آزاد پیدا ہوا ہے اور صرف اسی ایک کی غلامی کے لیے آیا ہے اور اس کی غلامی سے اس کے قانون کی تقلید و پیروی واتباع ہے۔ ہمارے پاس اگر کچھ ہے تو قرآن ہی ہے۔ اس کے سوا ہم کچھ نہیں جانتے۔ ساری دنیا کی طرف سے ہماری آنکھیں بند ہیں اور تمام آوازوں سے کان بہرے ہیں۔ اگر دیکھنے کے لیے روشنی کی ضرورت ہے تو یقین کیجئے کہ ہمارے پاس تو سراج منیر کی بخشی ہوئی ایک ہی روشنی ہے۔ اسے ہٹا دیجئے گا تو بالکل اندھے ہو جائیں گے۔

کتاب انزلنہ الیک لتخرج الناس من الظمات الی النور (1:14)

قرآن ایک کتاب ہے جو تم پر نازل کی گئی اسی لیے کہ انسان کو تاریکی سے نکالے اور روشنی میں لائے۔

ہمارے عقیدے میں ہر وہ خیال جو قرآن کے سوا کسی تعلیم گاہ سے حاصل کیا گیا ہو ایک کفر صریح ہے۔ افسوس کہ لوگوں نے اسلام کو کبھی بھی اس کی اصلی عظمت میں نہیں دیکھا۔ وما قدروا اللہ حق قدرہ (91:6) ورنہ پولیٹیکل پالیسی کے لیے نہ تو گورنمنٹ کے دروازے پر جھکنا پڑتا اور نہ ہندوؤں کی اقتداء کرنے کی ضرورت پیش آتی بلکہ اسی سے سب کچھ سیکھتے اور اسی کی بدولت تمام دنیا کو آپ صلی اللہ علیہ والہ وسلم نے سب

کچھسکھلایا تھا۔ اسلام انسان کے لیے ایک جامع اور اکمل قانون لے کر آیا ہے اور انسانی اعمال کا کوئی مناقشہ ایسا نہیں جس کے لیے وہ حکم نہ ہو۔ وہ اپنی تعلیم توحید میں نہایت غیور ہے اور کبھی پسند نہیں کرتا کہ اس کی چوکھٹ پر جھکنے والے کسی دوسرے دروازے کے سائل بنیں مسلمانوں کی اخلاقی زندگی ہو یا علمی سیاسی ہو یا معاشرتی، دینی ہو یا دنیوی، حاکمانہ ہو یا محکومانہ، وہ ہر زندگی کے لیے ایک اکمل ترین قانون اپنے اندر رکھتا ہے۔ اگر ایسا نہ ہوتا تو یہ دنیا کا آخری اور عالمگیر مذہب نہ ہو سکتا۔ وہ خدا کی آواز اور اس کی تعلیم گاہ خدا کا حلقہ درس ہے جس نے خدا کے ہاتھ پر ہاتھ رکھ دیا۔ وہ پھر کسی انسانی دستگیری کا محتاج نہیں۔ یہی وجہ ہے کہ قرآن نے ہر جگہ اپنے تئیں ماما مبین، حق القین، نور کتاب مبین تبیانا لکل شی ء بصائر للناس ھادی، ھدی اھدی الی السبیل بلاغ للناس ذکر تذکرۃ روح شفاء موعظمہ حکمۃ حکم حادی الجریر جامع اضراب وامثال فرقان کتاب حکیم۔ اور اسی طرح کے ناموں سے یاد کیا ہے۔ اکثر موقعوں پر کہا کہ وہ روشنی ہے اور روشنی جب نکلتی ہے تو ہر طرح کی تاریکی دور ہو جاتی ہے خواہ مذہبی گمراہیوں کی ہو یا سیاسی کی۔ دنیا میں کون سی کتاب ہے جس نے اپنے متعلق اپنی زبان سے ایسے عظیم الشان دعوے کئے ہوں۔

قد جاء کم من اللہ نور و کتاب مبین یھدی بہ اللہ من اتبع رضوانہ سل السلام و یخ جھم من الظمات الی النور باذنہ و یھد یھم الی صراط مستقیم(16:15:5)

بے شک تمہارے پاس اللہ کی طرف سے روشنی اور ہر بات کو بیان کرنے والی کتاب آئی ہے۔ اللہ اس کے ذریعے سے سلامتی کے راستوں پر ہدایت کرتا ہے۔ اس کو جو اس کی رضا چاہتا ہے، اس کو ہر طرح کی گمراہی کی تاریکی سے نکال کر ہدایت کی روشنی میں لاتا ہے اور سیدھی راہ چلاتا ہے۔

اس آیت میں صاف بتلایا گیا ہے کہ قرآن مجید روشنی ہے اور انسانی اعمال کی تمام تاریکیاں صرف اسی سے دور ہو سکتی ہیں۔ پھر کہا وہ ہر بات کو کھلے کھلے طور پر بیان کر دینے والی ہے اور انسانی اعمال کی کوئی شاخ ایسی نہیں جس کے اندر فیصلہ نہ ہو۔ اس ٹکڑے کی تائید دوسری جگہ کر دی۔ ولقد جئنٰھم بکتاب فصلنہ علی علم ھدی ورحمۃ لقوم یؤمنون (52:7)

بیشک ہم نے ان کو کتاب دی اور اس کو ہم نے علم کے ساتھ مفصل کر دیا ہے وہ ہدایت بخشش اور رحمت ہے، ارباب ایمان کے لیے۔

پھر غور کرو کہ پہلی آیت میں قرآن کو سبل السلام کے لیے ہادی فرمایا کہ وہ تمام سلامتی کی راہوں کی طرف رہنمائی کرتا ہے اور اگر آپ کے سامنے پولٹیکل اعمال کی بھی کوئی راہ ہے تو کوئی وجہ نہیں کہ اس کی سلامتی آپ کو قرآن کے اندر نہ ملے۔ پھر کہا کہ وہ انسان کو تمام گمراہیوں کی تاریکی سے نکال کر ہدایت کی روشنی میں لاتی ہے اور ہم دیکھ رہے ہیں کہ ہمارا پولٹیکل گمراہیاں صرف اس لیے ہیں کہ ہم نے قرآن کے دست ورہنما کو اپنے ہاتھ سپرد نہیں کی اور نہ تاویل کی جگہ آج ہمارے چاروں طرف روشنی ہوتی۔ آخر میں کہہ دیا کہ وہ صراط مستقیم پر لے جانے والی ہے اور صراط مستقیم کی اصطلاح قرآن مجید میں امور مہم سے ہے۔ ایسی جامع ومانع اصطلاح ہے جس کی نظیر نہیں ایک جگہ فرمایا۔

ونزلنا علیک الکتاب تبیانا لکل شیء ھدی ورحمۃ وبشری للمسلمین (89:16)

ہم نے تجھ پر ایک ایسی کتاب اتاری ہے جو ہر چیز کو کھول کر بیان کر دینے والی اور ہدایت ورحمت ہے، صاحبان ایمان کے لیے۔

سورۃ یوسف کے آخر میں فرمایا۔

ماکان حدیثا یفتری ولکن تصدیق الذی بین یدیہ وتفصیل کل شیء وھدی ورحمۃ لقوم

یؤمنون(111:12)

یہ قرآن کی بنائی ہوئی بات نہیں بلکہ وہ صداقتیں پہلے کی موجود ہیں ان کی تصدیق کرتا ہے اور اس میں ارباب ایمان کے لیے ہر چیز کا تفصیلی بیان اور ہدایت ورحمت ہے۔

ایک اور جگہ ارشاد ہے:۔

ولقد ضربنا للناس فی ھذا القرآن من کل مثل لعلھم یتذکرون(27:39)ہم نے انسان کو سمجھانے کے لیے اس قرآن میں سب طرح کی مثالیں بیان کر دی ہیں تا کہ لوگ نصیحت و عبرت حاصل کریں اور راہ ہدایت پائیں۔ ان آیات میں قرآن کا دعویٰ بالکل صاف ہے۔ وہ ہر طرح کی تعلیمات کے لیے اپنے تئیں ایک کامل معلم ظاہر کرتا ہے پھر مزید برآں یہ کہ اس کی تعلیم صاف اور غیر پیچیدہ ہے بشرطیکہ اس میں تدبر و تفکر کیا جائے۔ اس کی تعلیم میں کسی طرح کا داؤ پیچ نہیں ہر طرح کے الجھاؤ سے پاک ہے۔ اس میں کوئی بات الجھی ہوئی نہیں۔

الحمد اللہ الذی انزل علی عبدہ الکتاب ولم یجعل لہ عوجا(1:18)

تمام تعریفیں اس اللہ کے لیے ہیں جس نے اپنے بندہ پر قرآن اتارا جس میں کوئی پیچیدگی نہیں۔

پس یہ کیونکہ ممکن ہو سکتا ہے کہ اسی کے ماننے والے زندگی کے کسی شعبہ میں دوسروں کے مسائل نہیں۔ حالانکہ خود قرآن ان کے پاس ایک حکم موجود ہے۔ وکل شیء احصینہ فی امام مبین(12:36)اور انسانی زندگی کے ہر شعبہ حیات کے مسائل کو ہم نے اس کتاب واضح میں جمع کر دیا ہے۔ ارشاد ہوتا ہے۔

انہ لقول فصل وماھو بالھزل(14:13:86)بیشک یہ قرآن قول فیصل ہے تمہارے تمام اختلافات واعمال کے لیے اور یہ کوئی بے معنی وفضول بات نہیں۔

مسلمانوں کی ساری مصیبتیں صرف اسی غفلت کا نتیجہ ہیں کہ انہوں نے ایسی تعلیم گاہ کو چھوڑ دیا اور سمجھنے لگے کہ صرف روزہ نماز کے مسائل کے لیے اس کی طرف نظر اٹھانے کی ضرورت ہے، ورنہ اپنے تعلیمی، سیاسی اور تمدنی اعمال سے اسے کیا سروکار۔ لیکن وہ جس قدر قرآن سے دور ہوتے چلے جائیں گے اتنا ہی تمام دنیا ان سے دور ہوتی چلی جائے گی لیکن آج خود مسلمانوں کا یہ حال ہے کہ زبانی دعوے تو بہت ہیں مگر عملاً قرآن سے اپنے اعمال دنیویہ کو بالکل نکال دیا ہے۔ اس وقت کی پیش گوئی قرآن نے پہلے کر دی تھی کہ:۔

وقال الرسول یارب ان قومی اتخذوا ھذا القرآن مھجورا(30:25)

قیامت کے دن رسول خدا عرض کریں گے خدایا میری امت نے اس قرآن کو ہذیان سمجھا اور اس پر عمل نہ کیا بلکہ پس پشت ڈال دیا۔

ہم نہیں سمجھتے کہ اگر نزول قرآن کے وقت مشرکین مکہ اس سے اعراض و اغماض کرتے تھے تو ان میں سے اس سے زیادہ کیا تمرد و سرکشی تھی جتنی آج تمام مسلمانان عالم اور ان کا ہر طبقہ خواہ وہ مدعیان ریاست دینی کا ہو یا مسند نشینان تخت دنیوی کا، بلا استثناء کر رہا ہے۔ وہ اگر قرآن کی تلاوت کے وقت کانوں میں انگلیاں ڈال لیتے تھے یا کعبہ کے اندر شور مچاتے اور تالیاں پیٹتے تھے تاکہ اس کی آواز کسی کے سننے میں نہ آئے تو آج خود مسلمان کانوں کی جگہ دلوں کو بند کئے ہوئے ہیں اور شور مچانے کی جگہ خاموش ہیں۔ مگر ان کے نفس انسانی ہنگاموں کا ایسا غل مچا رہے ہیں کہ خدا کی آواز کسی کے کانوں میں نہیں پڑتی۔ پھر اسے ساکنان ضلالت آباد دنیا اور اے سرگران خمار غفلت و مدہوشی اور اے دلدادگان غفلت و بیہوشی! ہم تم کو کیسے مسلمان سمجھیں اور اپنے آپ کو کس طرح تمہاری پیروی و اتباع کے لیے آمادہ کریں۔ اگر تم کہتے ہو کہ ہم نے تم کو زمرہ کفار میں

داخل سمجھا اور اسلام سے خارج کیا تو ہاں ایسا ہی سمجھا ہے۔ قسم خدائے محمد و قرآن کی ایسا ہی کہا ہے۔ پس کوئی قوم اس وقت تک ترقی نہیں کر سکتی جب تک قرآن کو اپنے لیے مشعل راہ نہ بنائے۔ اس کارخانہ ہستی میں اقوام وامم کی ترقی و عروج قرآن ہی کی بدولت ہو سکتی ہے اور یہی وہ مرقات ترقی اور معراج ارتقاء ہے جس پر چل کر قوموں نے ترقی حاصل کی تھی اور آج بھی کر رہی ہے اور اسی کو چھوڑ کر ہم آج گرفتار غلامی ہیں

ھذا کتاب یرفع اللہ بہ اقواما ویضنت اخرین ط

حواشی

ابو داؤد۔ کتاب الملاحم (2/241)

***

کامیابی کی چار منزلیں

تمہارے سامنے کوئی مقصد ہے جس کو تم نے حاصل کرنا چاہتے ہو اور اس کے حصول کے لیے تم بے قرار ہو۔ اس کی محرومی سے تم تلخ ہو۔ تمہارا ایک مطلب ہے جس کے حاصل کرنے کی تم جستجو کر رہے ہو۔ کوئی مراد ہے جس کے تم متلاشی ہو، کوئی مقصود ہے جس کی طلب سے تم تشنہ کام ہو۔ اس کی طلب و تلاش میں تم سر گرداں ہو۔ وہ اگر حاصل ہو جائے تو تم کامیاب و کامران ہو۔ اس کا حصول تمہاری جدوجہد کا نتیجہ ہے۔ وہ ثمرہ ہے جس کا پالینا تمہاری فلاح و کامیابی ہے۔ اس کی طلب و تلاش میں تم سر گرداں ہو۔ اس کا ملنا تمہارے دل کی تمنا و آرزو ہے۔ اسی کے ملنے میں تمہاری سرخروئی و سرفرازی ہے۔ وہی تمہارا انتہاء عروج ہے۔ فرض کرو اگر وہ نہ حاصل ہو تو تم خائب و خاسر ہو اور اس کے عدم حصول پر تم ماتم کناں و گریہ کناں ہو۔ اس کا نہ ملنا ہی تمہاری ناکامی ہے۔ اس کو نہ پانے سے تم ذلت و انحطاط کے گڑھے میں پہنچ جاتے ہو۔ یہی تمہاری رسوائی و اہانت ہے۔ اس سے بڑھ کر نہ تمہاری کوئی بے عزتی ہو سکتی ہے اور نہ نامرادی و خسران۔ تو کیا ایسا مقصد اعلیٰ بغیر کسی شرط و قید کے حاصل ہو سکتا ہے۔ کیا ایسے اہم مقصد کے لیے کچھ کرنا نہ ہو گا۔ پس قرآن کہتا ہے، قومی و اجتماعی مقاصد علیا کے لیے بھی شرائط و قیود ہیں۔ جب تک وہ شرائط نہ پوری کی جائیں، جماعتیں محروم و نامراد رہتی ہیں اور یہی ان کا خسران و محرومی ہے اور یہی ان کی رسوائی و ذلت ہے۔ والعصر۔ ان الانسان لفی خسر۔ الا الذین امنوا وعملوا الصلحت وتواصوا بالحق وتواصوا بالصبر (103:3:1)

گردش زمانہ شاہد ہے کہ ہر جماعت خسارہ میں گھری ہوئی ہے۔ مگر وہی جو یہ چار کام انجام دیں۔ ایمان لائیں اور عمل صالح کریں، حق و صداقت کا اعلان کرتے رہیں اور صبر کی تلقین کریں۔

زمانہ اس لیے شاہد ہے کہ اس آسمان کے نیچے قوموں اور جماعتوں کی بربادی و کامیابی اور ارتقاء انحطاط کی کہانی پرانی ہے اتنا ہی پرانا زمانہ بھی ہے۔ دنیا میں اگر کوئی اس انقلاب اقوام کا ہم عصر ہو سکتا ہے تو وہ صرف زمانہ ہے۔ پھر قوموں کی تباہی و بربادی اور کامیابی و فلاح جو کچھ بھی ہوتا رہا ہے۔ وہ زمانہ کی گود میں ہوا۔ پس انقلاب امم پر اگر کوئی چیز گواہ ہو سکتی ہے تھی تو وہ صرف گردش ایام ہی تھا۔ اس لیے قرآن نے زمانہ کو اس پر شاہد اور گواہ بنایا کہ زمانہ اور اس کی گردش ایام ہی تھا۔ اس لیے قرآن نے زمانہ کو اس پر شاہد اور گواہ بنایا کہ زمانہ اور اس کی گردش ورفتار اس بات پر شاہد ہے کہ کوئی اس وقت تک کامیاب نہیں ہو سکتی جب تک ان اصولوں چہار گانہ کو نہ اپنا لے۔ ہر جماعت خسارے میں رہے گی وہ اگر ان چار دفعات پر عمل پیرا نہ ہو۔ پس قرآن اعلان کرتا ہے کہ اس آسمان کے نیچے نوع انسان کے لیے انسانوں کی تلاشوں اور جستجوؤں کے لیے اور امیدوں و تمناؤں کے لیے بڑی بڑی ناکامیاں ہیں گھاٹے اور ٹوٹے ہیں، خسران اور نامرادی ہے، محرومی اور بے مرادی ہے۔ لیکن دنیا کی اس عام نامرادی سے کون انسان ہے، کون جماعت ہے جو کہ بچ سکتی ہے اور ناکامیابی کی جگہ کامیابی اور ناامیدی کی جگہ امید اس کے دل میں اپنا آشیانہ بنا سکتی ہے۔ وہ کون انسان ہیں، وہ انسان جو کہ دنیا میں ان چار شرطوں کو قولاً و عملاً اپنے اندر پیدا کر لیں۔ جب تک یہ پیدا نہ ہوں گی، اس وقت تک دنیا میں نہ کوئی قوم کامیاب ہو سکتی اور نہ ملک۔ حتی کہ ہوا میں اڑنے والے پرندے بھی کامیابی نہیں پا سکتے۔ ان چار شرطوں کے نام سے گھبرا نہ جانا۔ پہلی شرط وہ ہے جس کا نام

قرآن کی بولی میں ایمان ہے۔ الا الذین امنو۔ تم جبھی کامیابی پاسکتے ہو جب تمہارے دلوں کے اندر اور روح و فکر میں وہ چیز پیدا ہو جائے جس کا نام قرآن کی زبان میں ایمان ہے۔ ایمان کے معنی عربی زبان میں زوال شک کے ہیں یعنی کامل درجہ کا بھروسہ اور کامل درجہ کا اقرار تمہارے دل میں پیدا ہو جائے۔ جب تک کامل درجہ کا یقین تمہارے دلوں کے اندر پیدا نہ ہو اور اللہ کی صداقت وسچائی اور اللہ کے قوانین و اصولوں پر کامل یقین تمہارے قلوب میں موجزن نہ ہو جائے تب تک کامیابی کا کوئی دروازہ تمہارے لیے نہیں کھل سکتا۔ شک کا اگر ایک کانٹا بھی تمہارے دل کے اندر چبھ رہا ہے تو تم کو اپنے اوپر موت کا فیصلہ صادر کرنا چاہیے۔ تم کو کامیابی نہیں ہو سکتی۔ اس لیے سب سے پہلی شرط یہ ہے کہ تمہارے قلوب میں ایمان ہو، اطمینان ہو، یقین ہو، جماؤ ہو اور تمکن و اقرار پیدا ہو۔ دل کا یہ کام، دماغ کا یہ فعل۔ تصور کا یہ نقشہ کامیابی کی پہلی منزل ہے۔ اگر اسی میں تمہارا قدم ڈگمگا رہا ہے تو کامیابی کی بو بھی تم نہیں سونگھ سکتے۔ کیا تم شک کا روگ اپنے پہلو میں لے کر دنیا کی چھوٹی سے چھوٹی کامیابی بھی پاسکتے ہو۔ کیا تم دنیا میں ایک مٹھی بھر جو اور چاول پاسکتے جب تک تمہارے لیے دلوں میں اس کے لیے یقین و اعتماد اور بھروسہ و اطمینان نہ ہو۔ دنیا میں کوئی مقصد بغیر اعتماد و بھروسہ کے حاصل ہو سکتا ہے کیا چیونٹی سے لے کر ہاتھی کے کوہ پیکر وجود تک کوئی طاقت اپنا مقصد اور اس کے لیے جدوجہد کی سرگرمی بغیر عزم و ارادہ کے دکھاسکتی ہے۔ کیا عزم و ارادہ بغیر یقین و اطمینان کے پیدا ہو سکتا ہے۔ اگر نہیں، تو قرآن تم سے یہی مطالبہ کرتا ہے کہ اپنے اندر یقین و اعتماد پیدا کرو تا کہ تمہارے لیے عزم و ارادہ پیدا ہو اور پھر تم سرگرم عمل ہو کر جد و جہد کرو۔ لیکن کیا حصول مقصد کے لیے دل کا یہ یقین اور دماغ کا یہ فعل کافی ہے اور منزل مقصود تک پہنچنے کے لیے اور کچھ نہیں کرنا۔ کیا اسی سے کامیابی حاصل ہو جائے گی۔ فرمایا

نہیں۔ بلکہ ایک دوسری منزل اس کے بعد آتی ہے جب تک وہ دوسری منزل بھی کامیابی کے ساتھ طے نہ کرلوگے تو صرف پہلی منزل کو طے کر کے کامیابی نہیں پاسکتے۔ اس کا نام قرآن کی زبان میں عمل صالح ہے۔ و عملوا الصلحت۔ یعنی وہ کام جو اچھائی کے ساتھ کیا جائے۔ جس کام کو جس صحت اور جس طریقے کے ساتھ کرنا چاہیے اور جو طریقہ اس کے لیے سچا طریقہ ہو سکتا ہے، اس کام کو اسی کے ساتھ انجام دیا جائے۔ اس سے سادہ تر الفاظ میں یہ کہ جو طریقہ اس کام کے انجام دینے کا صحیح طریقہ ہو سکتا ہے، اسے اسی طریقہ کے ساتھ انجام دیا جائے۔ قرآن کا یہ اصول تو عام ہے کہ کیوں کہ ایمان کے معنی ہیں وہ کامل یقین و کامل اطمینان اور اقرار جو عمل سے پہلے پیدا ہوتا ہے۔

فرض کرو کہ تمہارے سامنے ایک مکان ہے، جس وقت یہ اک چٹیل میدان تھا۔ کوئی وجود اس عمارت و مکان نہ تھا۔ کسی کاریگر نے اس وقت یہاں کوئی تعمیر نہ کی تھی۔ نہ دیواریں تھیں اور نہ چھت وغیرہ کچھ بھی نہ تھا تو اس وقت بھی یہ مکان معہ اپنی لائنوں اور نقوش مزینہ کے موجود تھا۔ کہاں؟ کاریگر اور مالک کے دماغ میں پیدا ہوا تھا۔ پس وہ چیز جو اس کے دماغ میں موجود تھی۔ وہ ارادہ جو اس کے دماغ میں پیدا ہوا تھا، وہ پہلی منزل ہوئی جو مذہب میں آکر ایمان کا نام اختیار کرلیتی ہے۔ بالکل جیسے وہ عمل دماغ ہے ویسے ہی تصور و یقین بھی عمل قلب ہے اور اسی کو قرآن ایمان کہتا ہے۔ اسی بنا پر سب سے پہلی منزل ایمان کی ہوئی۔ پس تجویز یہ ہے کہ پہلے تمہارے دل کے اندر سچا اطمینان و یقین اور صحیح ارادہ عزم پیدا ہو پھر صرف دماغ کی منزل طے کر کے قدم نہ ٹھہر جائیں بلکہ ایک دوسری منزل و عملوا الصالحات کی بھی ہے یعنی عمل صالح کی منزل۔ تو جو طریقہ اس کو انجام دینے کا ہو اسی طریقہ سے انجام دوگے تو مکان کی تعمیر پایۂ تکمیل کو پہنچ جائے گی۔ ورنہ نہیں۔ ایسے ہی یہاں بھی جس مقصد کو تم حاصل کرنا چاہتے

ہو اس کے حاصل کرنے کے لیے جو عمل و سعی بھی کرو۔ وہ اسی طریقہ سے کرو، جو طریقہ اس کے کرنے کا ہے۔ اس کو بھی جب پورا کر لیا تو اس کے یہ معنی ہوئے کہ فتح مندی اور کامیابی کی دو منزلیں تم نے طے کر لیں۔ مگر پھر کیا تمہارا کام ختم ہو گیا۔ اس کے بعد کیا تم منزل مقصود تک پہنچ جاؤ گے۔ قرآن کی عالمگیر صداقت کہتی ہے کہ نہیں بلکہ ان دو منزلوں کے بعد دو منزلیں اور باقی نہیں۔ اپنی ہمت تو آزمالو کہ ان کے لیے تمہارے تلوے تیار ہیں یا نہیں۔ تمہاری کمر ہمت مضبوط ہے کہ نہیں۔ ممکن ہے کہ یہ دو منزلیں تمہارے لیے سودمند نہ ہوں جو صرف ایک زنجیر کی کڑی کے ظاہر و باطن کی درستگی ہے۔ لیکن کیا ایک کڑی کے درست ہو جانے سے پوری زنجیر کا کام پورا ہو جایا کرتا ہے۔ اگر نہیں تو تم اپنی جگہ ایک کڑی ہو۔ تمہارا وجود قومی زنجیر کی ایک کڑی ہے۔ پس زنجیر کا کام ابھی باقی ہے اور تم گویا ہوا میں بکھری ہوئی شکل میں بے کار ہو۔ اس میں تمہارا کوئی وجود نہیں کیوں کہ قرآن وجود مانتا ہے، اجتماع کا نہ کہ کڑیوں کا۔ اس کے نزدیک وجود کڑیوں کا نہیں ہے بلکہ زنجیر کا ہے۔ تم میں ہر وجود ایک کڑی ہے۔ اس کا کام پورا نہیں ہو سکتا۔ جب تک وہ باقی کڑیوں کی خبر نہ لے۔ جب تک باقی کڑیاں مضبوط نہ ہوں گی زنجیر نہیں ہو سکتی۔ اس لیے فرمایا کامیابی کا سفر اس وقت تک کامیاب نہیں ہو سکتا، جب تک تیسری منزل تمہارے سامنے نہ آئے۔ وہ تیسری منزل ہے توحید حق کی۔ وتواصوا بالحق۔ یعنی ان منزلوں سے کامیابی کے ساتھ گذرنے کے بعد تیسری منزل کو بھی کامیابی سے طے کرو یعنی دنیا میں خدا کی سچائی کا پیغام پہنچاؤ۔ جب تک تم میں یہ بات نہ ہو کہ تمہارا دل سچائی کے اعلان کے لیے تڑپنے لگے، تب تک تم کو کامیابی نہیں مل سکتی۔ اب اگر تیسری منزل کے لیے تیار ہو گئے۔ اگر توفیق الٰہی نے تمہاری دستگیری کی ہے اور تم نے یہ منزل بھی کامیابی کے ساتھ طے کر لی ہے تو کیا پھر مقصود حاصل ہو جائے

گا اور کچھ نہ کرنا پڑے گا۔ قرآن کہتا ہے، نہیں۔ بلکہ ایک اور آخری منزل بھی ہے جو کہ اعلان صبر کی منزل ہے۔ واتواصو بالصبر۔ اعلان صبر کی منزل اعلان حق کی منزل کے ساتھ لازم و ملزوم کا رشتہ رکھتی ہے۔ اس کے ساتھ اس کی گردن اس طرح جڑی ہوئی ہے کہ جدا نہیں کی جاسکتی۔ فرمایا کہ حق کا وہ اعلان کریں گے۔ حق کا پیغام پہنچائیں گے۔ حق کا پیغام سنائیں گے۔ حق کی دعوت دیں گے۔ حق کی تبلیغ کریں گے۔ حق کا چیلنج کریں گے۔ حق کا پراپیگنڈا کریں گے۔ لیکن حق کا یہ حال ہے کہ حق کی راہ میں کوئی قدم نہیں اٹھ سکتا، جب تک قربانیوں کے لیے نہ اٹھے۔ حق کا پیغام پہنچانا بغیر قربانی و ایثار کے ایسا ہی ہے جیسا کہ آگ کو ہاتھ میں پکڑ لینا، بغیر اس کی گرمی کے۔ جیسے یہ ناممکن ہے، ویسے ہی وہ بھی محال ہے اس لیے چوتھی منزل صبر کی ہے۔ جب تک یہ منزل بھی طے نہ کی جائے کامیابی حاصل نہیں ہوسکتی۔

* * *

مولانا آزاد کے تین یادگار خطبات

مولانا آزاد کے تین خطباتِ بہاولپور

مصنف : مولانا ابوالکلام آزاد

بین الاقوامی ایڈیشن منظر عام پر آ چکا ہے